hänssler

Martin Luthers

Kleiner Katechismus

mit Erklärung

Das vorliegende Buch erschien im Korinth-Verlag, Hamburg,
mit dem Titel »Dr. Martin Luthers Kleiner Katechismus
mit Erklärung«.

24. Auflage (1320.-1330. Tausend)

Die Deutsche Bibliothek — CIP-Einheitsaufnahme

Luther, Martin:
[Kleiner Katechismus]
Dr. Martin Luthers kleiner Katechismus : mit Erklärung. —
Neuhausen-Stuttgart : Hänssler, 1998
(Hänssler-Hardcover)
ISBN 3-7751-3268-6

hänssler-Hardcover
Bestell-Nr. 393.268
ISBN 3-7751-3268-6

© Copyright 1999 by Hänssler-Verlag, Holzgerlingen
Titelfoto: Martin Luther 1533,
Gemälde von Lucas Cranach d. Ä.,
Artothek Kunstdia-Archiv, 82380 Peissenberg
Umschlaggestaltung: Stefanie Bunner
Satz: AbSatz Ewert-Mohr, Klein Nordende
Druck und Bindung: Ebner Ulm
Printed in Germany

VORWORT

Dr. Martin Luther hat das Wichtigste aus der Bibel im kleinen Katechismus kurz zusammengefaßt und erklärt. Daher ist es nötig, daß ein jeder Mensch lernen muß: ernstlich beten, recht von Herzen glauben, christlich leben nach den Geboten, wie Gott, der Herr, sie uns durch seinen treuen Diener Mose auf dem Berge Sinai gegeben hat (2. Mose 20). Dieses kann uns nur Gott durch seinen lieben Sohn Jesus Christus und seinen guten Heiligen Geist lehren.

August Hermann Francke sagte 1695 in einer Katechismus-Predigt über den 2. Glaubensartikel vom großen Werk der Erlösung: »Ich bekenne für meinen Teil, daß es mir die größte Freude ist, von dieser Sache zu handeln, dieweil sie der Kern ist, nicht nur des Katechismus, sondern auch der ganzen Heiligen Schrift. Es kommt alles bei unserem Heil und Seligkeit darauf an, daß Jesus Christus dieses Werk der Erlösung ausgeführt hat. So soll auch keine Predigt und Unterricht gehalten werden, wo nicht davon gesprochen wird und in die Herzen der Menschen mit ganzem Ernst hineingedrückt wird.« Ferner lehren unsere Glaubensväter, man soll den Ernst der Katechismuslehre mehr treiben in Kirchen, Schulen und Hausständen. Sobald ein Kind anfängt zu sprechen, sollen Eltern oder Erzieher es unterrichten aus dem Katechismus, den Gott, der Herr, uns durch das teure Rüstzeug »Luther« hinterlassen hat.

Helmut Korinth

»Der Katechismus wird müssen bleiben ...«
Martin Luther

Als Dr. Martin Luther nach einer in Kursachsen durchgeführten Kirchenvisitation im Jahre 1529 den großen und kleinen Katechismus verfaßte, schrieb er in der Vorrede: »Diese Predigt ist dazu geordnet und angefangen, daß es sei ein Unterricht für die Kinder und Einfältigen, darum sie auch von alters her auf griechisch heißet Katechismus, das ist eine Kinderlehre, also daß, wer solches nicht weiß, nicht könnte unter die Christen gezählet und zu keinem Sakrament zugelassen werden, gleichwie man einen Handwerksmann, der seines Handwerks Recht und Gebrauch nicht weiß, auswirft und für untüchtig hält.«
Wollte Luther mit dem kleinen Katechismus zunächst die christlichen Hausväter anleiten, wie sie ihren Hausgenossen die wichtigsten biblischen Wahrheiten erklären könnten, so wurde dieser auch sehr bald die unentbehrliche Grundlage für den Religionsunterricht in Kirche und Schule, im Laufe der Jahrhunderte zum besseren Verständnis durch Fragen und Antworten erweitert und zur Vertiefung der Bibelkenntnis durch einschlägige Schriftworte erläutert. Generationen haben in vier Jahrhunderten die fünf Hauptstücke mit Luthers Erklärungen wörtlich auswendig gelernt und sind gut damit gefahren; denn was sie gelernt hatten, konnte ihnen stets den rechten Weg für Glauben und Leben weisen und sie vor Irrtum und Sünde bewahren. Gebrauch und Kenntnis des kleinen Katechismus sind in den letzten Jahrzehnten in erschreckendem Maße zurückgegangen;

vielerorts ist er heute so gut wie unbekannt. Sein Verlust wäre aber für unsere lutherische Kirche und ihre Glieder ein schwerer Schaden. Um dem zu begegnen, ist der Unterzeichnete der Bitte des Herausgebers gern nachgekommen, vor allem bei den erläuternden Fragen und Antworten, wo es nötig war, Rechtschreibung, Satzstellung und Wortwahl der heutigen Schreib- und Sprechweise anzugleichen, ohne daß in der Sache irgend etwas geändert wurde. Der Unterzeichnete ist mit dem Herausgeber der Überzeugung, daß gerade in der heutigen Zeit wegen der weitverbreiteten Unkenntnis und Unsicherheit in Glaubensfragen diese Katechismusausgabe im Unterricht einen sehr guten Dienst tun könnte, daß aber auch Erwachsene, die sich über den lutherischen Glauben informieren wollen, hier eine gute und leicht verständliche Einführung unter ständiger Hinzuziehung der Heiligen Schrift erhalten und verborgene Schätze finden. Der Unterzeichnete erinnert sich eines alten treuen Christen, der ihm gelegentlich eines Hausbesuches mit großer Freude von einer Entdeckung berichtete, die er in einem kurz zuvor gekauften Büchlein gemacht hatte. Und was war's? Die Erklärung Luthers zur Anrede des heiligen Vaterunsers: »Gott will uns damit locken, daß wir glauben sollen, er sei unser rechter Vater und wir seine rechten Kinder, auf daß wir getrost und mit aller Zuversicht ihn bitten sollen wie die lieben Kinder ihren lieben Vater«. Derartige überraschende und beglückende Entdeckungen längst vergessener oder nie gelernter Worte wird jeder machen, der den Katechismus in Verbindung mit der Heiligen Schrift mit einem nach der Wahrheit suchenden Herzen liest, und er wird nicht erstaunt sein, sondern selber zustimmen, wenn Luther von sich bekennt: »Ich bin auch ein Doktor und Prediger, ja so gelehrt und erfahren, als die alle sein mögen, die solche Vermessenheit und Sicherheit haben; noch tu ich wie ein Kind, das man den Katechismus lehrt, und lese und spreche auch von Wort zu Wort des Morgens und wenn ich Zeit habe die Zehn Gebote, den Glauben, das Vaterunser, Psalmen usw. Und **muß noch täglich dazu lesen und studieren** und kann dennoch nicht bestehen, wie ich gerne wollte, und **muß ein Kind und Schüler des Katechismus bleiben und bleib's auch gern.«**

Lauenbrück, den 24. Juli 1982　　*Hans Just*
　　　　　　　　　　　　　　　ev.-luth. Pastor i. R.

Der Hannoversche »Kleine Katechismus Dr. Martin Luthers mit Erklärungen« aus dem 19. Jahrhundert ist eine der wertvollsten Katechismusausgaben, die wir besitzen. Daß diese Ausgabe nun in einer **Antiqua-Schrift** unserer Zeit neu verlegt wird, ist eines der größten Geschenke für alle wahren Christen.

1. Luthers Gattin Katharina von Bora hat zutreffend einmal gesagt, Luther habe im kleinen Katechismus »alles Notwendige zusammengefaßt«. Luther wollte ja mit seinem kleinen Katechismus die Bibel auslegen. Daß die Bibel die Hauptsache der Erklärungen der vorliegenden Ausgabe ausmacht, entspricht ganz dem Anliegen Luthers. Viele Menschen können die alte Fraktur-Schrift nicht mehr lesen. Die zeitgemäße Drucktype ermöglicht es allen Pfarrern, Lehrern und Eltern, diesen kleinen Katechismus dem Unterricht der Kinder zugrundezulegen.

2. Luther hat ja gewünscht, daß der Katechismus vor allem von den Eltern unterrichtet werden sollte. Er sollte ein Hausbuch sein. »Den Katechismusunterricht hält nicht der Lehrer in der Schule, nicht der Pfarrer von der Kanzel, sondern der christliche Hausvater in der Wohnstube. Das ist für die Männer in unseren Gemeinden nicht ganz einfach zu begreifen; es ist so bequem, die Verantwortung für das heranwachsende Geschlecht auf Schule und Kirche abschieben zu können. Aber es mag bald eine Zeit kommen, da wird unser Volk, werden unsere Gemeinden bitter büßen müssen. Darum rufen wir jetzt schon die Männer in unseren Gemeinden auf, ihr hauspriesterliches Amt recht wahrzunehmen.«

3. Nun können die Eltern, die ihre Kinder christlich unterweisen wollen, diese vorliegende Katechismusausgabe benutzen. Lehrer und Pfarrer werden diese Ausgabe ihrem Religions- und Konfirmandenunterricht zugrundelegen können. Ein ideales Hilfsmittel für die christliche Unterweisung hat uns Gott, der Herr, mit diesem Katechismus geschenkt. Möge es Gott geben, daß viele Christen im gesamten deutschen Sprachgebiet diese Katechismusausgabe gebrauchen. Sie werden die Wahrheit des alten Sprichwortes erfahren:

»Gottes Wort und Luthers Lehr
vergehen nun und nimmermehr.«

21. Juli 1982

Professor Dr. theol. Ernst-Wilhelm Kohls
Philipps-Universität Marburg
3551 Moischt bei Marburg, Lönsweg 8

Das erste Buch

Die fünf Hauptstücke

Das erste Hauptstück

Die heiligen Zehn Gebote

Das erste Gebot
Ich bin der Herr, dein Gott. Du sollst nicht andere Götter haben neben mir. Du sollst dir kein Bildnis noch irgendein Gleichnis machen, weder des, das oben im Himmel, noch des, das unten auf Erden, oder des, das im Wasser unter der Erde ist. Bete sie nicht an und diene ihnen nicht.

Das zweite Gebot
Du sollst den Namen des Herrn, deines Gottes, nicht unnützlich führen; denn der Herr wird den nicht ungestraft lassen, der seinen Namen mißbraucht.

Das dritte Gebot
Du sollst den Feiertag heiligen.

Das vierte Gebot
Du sollst deinen Vater und deine Mutter ehren, auf daß dir's wohlgehe und du lange lebest auf Erden.

Das fünfte Gebot
Du sollst nicht töten.

Das sechste Gebot
Du sollst nicht ehebrechen.

Das siebte Gebot
Du sollst nicht stehlen.

Das achte Gebot
Du sollst nicht falsch Zeugnis reden wider deinen Nächsten.

Das neunte Gebot
Du sollst nicht begehren deines Nächsten Haus.

Das zehnte Gebot
Du sollst nicht begehren deines Nächsten Weib, Knecht, Magd, Vieh oder alles, was sein ist.

Von allen diesen Geboten sagt Gott also:
Ich, der Herr, dein Gott, bin ein eifriger Gott, der über die, so mich hassen, die Sünde der Väter heimsucht an den Kindern bis ins dritte und vierte Glied; aber denen, so mich lieben und meine Gebote halten, tue ich wohl in tausend Glied.

Das zweite Hauptstück

Der christliche Glaube

Ich glaube an Gott den Vater, den Allmächtigen, Schöpfer Himmels und der Erde.
Und an Jesum Christum, Gottes eingeborenen Sohn, unsern Herrn, der empfangen ist vom Heiligen Geist, geboren von der Jungfrau Maria, gelitten unter Pontio Pilato, gekreuzigt, gestorben und begraben, niedergefahren zur Hölle, am dritten Tage auferstanden von den Toten, aufgefahren gen Himmel, sitzend zur Rechten Gottes, des allmächtigen Vaters, von dannen er kommen wird, zu richten die Lebendigen und die Toten.
Ich glaube an den Heiligen Geist, eine heilige christliche Kirche, die Gemeinde der Heiligen, Vergebung der Sünden, Auferstehung des Fleisches und ein ewiges Leben. Amen.

Das dritte Hauptstück

Das Vaterunser

oder das Gebet des Herrn

Vater unser, der du bist im Himmel. Geheiligt werde dein Name. Dein Reich komme. Dein Wille geschehe, wie im Himmel, also auch auf Erden. Unser täglich Brot gib uns heute. Und vergib uns unsere Schuld, wie wir vergeben unsern Schuldigern. Und führe uns nicht in Versuchung, sondern erlöse uns von dem Übel. Denn dein ist das Reich und die Kraft und die Herrlichkeit in Ewigkeit. Amen.

Das vierte Hauptstück

Das Sakrament der heiligen Taufe

Gehet hin in alle Welt, lehret alle Völker und taufet sie im Namen des Vaters und des Sohnes und des Heiligen Geistes.
Wer da glaubet und getauft wird, der wird selig werden; wer aber nicht glaubet, der wird verdammt werden.

Das fünfte Hauptstück
Das Sakrament des Altars

Unser Herr Jesus Christus, in der Nacht, da er verraten ward, nahm er das Brot, dankte und brach's und gab's seinen Jüngern und sprach: Nehmet hin und esset; das ist mein Leib, der für euch gegeben wird. Solches tut zu meinem Gedächtnis.
Desselbigengleichen nahm er auch den Kelch nach dem Abendmahl, dankte und gab ihnen den und sprach: Trinket alle daraus; dieser Kelch ist das neue Testament in meinem Blut, das für euch vergossen wird zur Vergebung der Sünden. Solches tut, so oft ihr's trinket, zu meinem Gedächtnis.

Das zweite Buch

Der kleine Katechismus

Das erste Hauptstück

Die Zehn Gebote,

wie sie ein Hausvater den Seinen einfältig vorhalten soll

Das erste Gebot

Ich bin der Herr, dein Gott. Du sollst nicht andere Götter haben neben mir. Du sollst dir kein Bildnis noch irgendein Gleichnis machen, weder des, das oben im Himmel, noch des, das unten auf Erden, oder des, das im Wasser unter der Erde ist. Bete sie nicht an und diene ihnen nicht.

Was ist das?
Wir sollen Gott über alle Dinge fürchten, lieben und vertrauen.

Das zweite Gebot

Du sollst den Namen des Herrn, deines Gottes, nicht unnützlich führen; denn der Herr wird den nicht ungestraft lassen, der seinen Namen mißbraucht.

Was ist das?
Wir sollen Gott fürchten und lieben, daß wir bei seinem Namen nicht fluchen, schwören, zaubern, lügen

oder trügen, sondern denselben in allen Nöten anrufen, beten, loben und danken.

Das dritte Gebot

Du sollst den Feiertag heiligen.

Was ist das?
Wir sollen Gott fürchten und lieben, daß wir die Predigt und sein Wort nicht verachten, sondern dasselbe heilig halten, gerne hören und lernen.

Das vierte Gebot

Du sollst deinen Vater und deine Mutter ehren, auf daß dir's wohlgehe und du lange lebest auf Erden.

Was ist das?
Wir sollen Gott fürchten und lieben, daß wir unsere Eltern und Herren nicht verachten noch erzürnen, sondern sie in Ehren halten, ihnen dienen, gehorchen, sie lieb und wert haben.

Das fünfte Gebot

Du sollst nicht töten.

Was ist das?
Wir sollen Gott fürchten und lieben, daß wir unserm Nächsten an seinem Leib keinen Schaden noch Leid

tun, sondern ihm helfen und fördern in allen Leibesnöten.

Das sechste Gebot

Du sollst nicht ehebrechen.
Was ist das?
Wir sollen Gott fürchten und lieben, daß wir keusch und züchtig leben in Worten und Werken und ein jeglicher sein Gemahl lieben und ehren.

Das siebte Gebot

Du sollst nicht stehlen.

Was ist das?
Wir sollen Gott fürchten und lieben, daß wir unsers Nächsten Geld und Gut nicht nehmen noch mit falscher Ware oder Handel an uns bringen, sondern ihm sein Gut und Nahrung helfen bessern und behüten.

Das achte Gebot

Du sollst nicht falsch Zeugnis reden wider deinen Nächsten.

Was ist das?
Wir sollen Gott fürchten und lieben, daß wir unsern Nächsten nicht fälschlich belügen, verraten, afterre-

den oder bösen Leumund machen, sondern sollen ihn entschuldigen, Gutes von ihm reden und alles zum Besten kehren.

Das neunte Gebot

Du sollst nicht begehren deines Nächsten Haus.

Was ist das?
Wir sollen Gott fürchten und lieben, daß wir unserm Nächsten nicht mit List nach seinem Erbe oder Hause stehen und mit einem Schein des Rechts an uns bringen, sondern ihm dasselbe zu behalten förderlich und dienstlich sein.

Das zehnte Gebot

Du sollst nicht begehren deines Nächsten Weib, Knecht, Magd, Vieh oder alles, was sein ist.

Was ist das?
Wir sollen Gott fürchten und lieben, daß wir unserm Nächsten nicht sein Weib, Gesinde oder Vieh abspannen, abdringen oder abwendig machen, sondern dieselben anhalten, daß sie bleiben und tun, was sie schuldig sind.

Was sagt nun Gott von diesen Geboten allen?
Er sagt also:

Ich, der Herr, dein Gott, bin ein eifriger Gott, der über die, so mich hassen, die Sünde der Väter heimsucht an den Kindern bis ins dritte und vierte Glied; aber denen, so mich lieben und meine Gebote halten, tue ich wohl in tausend Glied.

Was ist das?
Gott dräuet zu strafen alle, die diese Gebote übertreten; darum sollen wir uns fürchten vor seinem Zorn und nicht wider solche Gebote tun. Er verheißet aber Gnade und alles Gute allen, die solche Gebote halten; darum sollen wir ihn auch lieben und vertrauen und gerne tun nach seinen Geboten.

Das zweite Hauptstück

Der christliche Glaube,

wie ihn ein Hausvater den Seinen aufs einfältigste vorhalten soll.

Der erste Artikel

Von der Schöpfung

Ich glaube an Gott, den Vater, den Allmächtigen, Schöpfer Himmels und der Erde.

Was ist das?
Ich glaube, daß Gott mich geschaffen hat samt allen Kreaturen, mir Leib und Seele, Augen, Ohren und alle Glieder, Vernunft und alle Sinne gegeben hat und noch erhält; dazu Kleider und Schuh, Essen und Trinken, Haus und Hof, Weib und Kind, Acker, Vieh und alle Güter; mit aller Notdurft und Nahrung dieses Leibes und Lebens mich reichlich und täglich versorget, wider alle Fährlichkeit beschirmet und vor allem Übel behütet und bewahret; und das alles aus lauter väterlicher, göttlicher Güte und Barmherzigkeit ohn all mein Verdienst und Würdigkeit; des alles ich ihm zu danken und zu loben und dafür zu dienen und gehorsam zu sein schuldig bin. Das ist gewißlich wahr.

Der zweite Artikel

Von der Erlösung

Ich glaube an Jesum Christum, Gottes eingeborenen Sohn, unsern Herrn, der empfangen ist vom Heiligen Geist, geboren von der Jungfrau Maria, gelitten unter Pontio Pilato, gekreuzigt, gestorben und begraben, niedergefahren zur Hölle, am dritten Tage auferstanden von den Toten, aufgefahren gen Himmel, sitzend zur Rechten Gottes, des allmächtigen Vaters, von dannen er kommen wird, zu richten die Lebendigen und die Toten.

Was ist das?
Ich glaube, daß Jesus Christus' wahrhaftiger Gott vom Vater in Ewigkeit geboren, und auch wahrhaftiger Mensch von der Jungfrau Maria geboren, sei mein Herr, der mich verlornen und verdammten Menschen erlöset hat, erworben, gewonnen von allen Sünden, vom Tode und von der Gewalt des Teufels; nicht mit Gold oder Silber, sondern mit seinem heiligen, teuren Blut und mit seinem unschuldigen Leiden und Sterben; auf daß ich sein eigen sei und in seinem Reich unter ihm leben, und ihm diene in ewiger Gerechtigkeit, Unschuld und Seligkeit; gleichwie er ist auferstanden vom Tode, lebet und regieret in Ewigkeit. Das ist gewißlich wahr.

Der dritte Artikel

Von der Heiligung

Ich glaube an den Heiligen Geist, eine heilige christliche Kirche, die Gemeinde der Heiligen, Vergebung der Sünden, Auferstehung des Fleisches und ein ewiges Leben. Amen.

Was ist das?
Ich glaube, daß ich nicht aus eigener Vernunft noch Kraft an Jesum Christum, meinen Herrn, glauben oder zu ihm kommen kann; sondern der Heilige Geist hat mich durch das Evangelium berufen, mit seinen Gaben erleuchtet, im rechten Glauben geheiliget und erhalten; gleichwie er die ganze Christenheit auf Erden beruft, im rechten, einigen Glauben; in welcher Christenheit er mir und allen Gläubigen täglich alle Sünden reichlich vergibt und am Jüngsten Tag mich und alle Toten auferwecken wird und mir samt allen Gläubigen in Christo ein ewiges Leben geben wird. Das ist gewißlich wahr.

Das dritte Hauptstück

Das Vaterunser,

wie es ein Hausvater den Seinen aufs einfältigste vorhalten soll.

Die Anrede

Vater unser, der du bist im Himmel.

Was ist das?
Gott will uns damit locken, daß wir glauben sollen, er sei unser rechter Vater und wir seine rechten Kinder, auf daß wir getrost und mit aller Zuversicht ihn bitten sollen wie die lieben Kinder ihren lieben Vater.

Die erste Bitte

Geheiligt werde dein Name.

Was ist das?
Gottes Name ist zwar an sich selbst heilig; aber wir bitten in diesem Gebet, daß er auch bei uns heilig werde.

Wie geschieht das?
Wo das Wort Gottes lauter und rein gelehret wird, und wir auch heilig als die Kinder Gottes darnach leben.

Das hilf uns, lieber Vater im Himmel! Wer aber anders lehret und lebet, denn das Wort Gottes lehret, der entheiliget unter uns den Namen Gottes. Davor behüte uns, lieber himmlischer Vater!

Die zweite Bitte

Dein Reich komme.

Was ist das?
Gottes Reich kommt wohl ohne unser Gebet von sich selbst; aber wir bitten in diesem Gebet, daß es auch zu uns komme.

Wie geschieht das?
Wenn der himmlische Vater uns seinen Heiligen Geist gibt, daß wir seinem heiligen Wort durch seine Gnade glauben und göttlich leben, hier zeitlich und dort ewiglich.

Die dritte Bitte

Dein Wille geschehe, wie im Himmel, also auch auf Erden.

Was ist das?
Gottes guter, gnädiger Wille geschieht wohl ohne unser Gebet; aber wir bitten in diesem Gebet, daß er auch bei uns geschehe.

Wie geschieht das?
Wenn Gott allen bösen Rat und Willen bricht und hindert, so uns den Namen Gottes nicht heiligen und sein Reich nicht kommen lassen wollen, als da ist des Teufels, der Welt und unsers Fleisches Wille; sondern stärket und behält uns fest in seinem Wort und Glauben bis an unser Ende. Das ist sein gnädiger, guter Wille.

Die vierte Bitte

Unser tägliches Brot gib uns heute.

Was ist das?
Gott gibt täglich Brot auch wohl ohne unsere Bitte allen bösen Menschen; aber wir bitten in diesem Gebet, daß er uns lasse erkennen und mit Danksagung empfangen unser täglich Brot.

Was heißt denn täglich Brot?
Alles was zur Leibesnahrung und -notdurft gehört, wie Essen, Trinken, Kleider, Schuh, Haus, Hof, Acker, Vieh, Geld, Gut, fromm Gemahl, fromme Kinder, fromm Gesinde, fromme und treue Obherren, gut Regiment, gut Wetter, Friede, Gesundheit, Zucht, Ehre, gute Freunde, getreue Nachbarn und desgleichen.

Die fünfte Bitte

Und vergib uns unsere Schuld, wie wir vergeben unsern Schuldigern.

Was ist das?
Wir bitten in diesem Gebet, daß der Vater im Himmel nicht ansehen wolle unsere Sünden und um derselben willen solche Bitte nicht versagen; denn wir sind der keines wert, das wir bitten, haben's auch nicht verdienet; sondern er wolle es uns alles aus Gnaden geben, denn wir täglich viel sündigen und wohl eitel Strafe verdienen. So wollen wir wiederum auch herzlich vergeben und gerne wohltun denen, die sich an uns versündigen.

Die sechste Bitte

Und führe uns nicht in Versuchung.

Was ist das?
Gott versucht zwar niemand, aber wir bitten in diesem Gebet, daß uns Gott wolle behüten und erhalten, auf daß uns der Teufel, die Welt und unser Fleisch nicht betrüge und verführe in Mißglauben, Verzweiflung und andere große Schande und Laster; und ob wir damit angefochten würden, daß wir doch endlich gewinnen und den Sieg behalten.

Die siebente Bitte

Sondern erlöse uns von dem Übel.

Was ist das?
Wir bitten in diesem Gebet als in der Summa, daß uns der Vater im Himmel von allerlei Übel Leibes und der Seele, Gutes und Ehre erlöse und zuletzt, wenn unser Stündlein kommt, ein seliges Ende beschere und mit Gnaden von diesem Jammertal zu sich nehme in den Himmel.

Beschluß

Denn dein ist das Reich und die Kraft und die Herrlichkeit in Ewigkeit. Amen.

Was ist das?
Daß ich soll gewiß sein, solche Bitten sind dem Vater im Himmel angenehm und erhöret. Denn er selbst hat uns geboten, also zu beten, und verheißen, daß er uns will erhören. Amen, Amen, das heißt: Ja, ja, es soll also geschehen.

Das vierte Hauptstück

Das Sakrament der heiligen Taufe,

wie es ein Hausvater
den Seinen einfältig vorhalten soll.

Zum ersten

Was ist die Taufe?
Die Taufe ist nicht allein schlicht Wasser, sondern sie ist das Wasser in Gottes Gebot gefasset und mit Gottes Wort verbunden.

Welches ist denn solch Wort Gottes?
Da unser Herr Christus spricht, Matthäus im letzten Kapitel:
Gehet hin in alle Welt, lehret alle Völker und taufet sie im Namen des Vaters und des Sohnes und des Heiligen Geistes.

Zum andern

Was gibt oder nützet die Taufe?
Sie wirket Vergebung der Sünden, erlöset vom Tod und Teufel und gibt die ewige Seligkeit allen, die es glauben, wie die Worte und Verheißung Gottes lauten.

Welches sind denn solche Worte und Verheißung Gottes?
Da unser Herr Christus spricht Markus im letzten Kapitel:
Wer da glaubet und getauft wird, der wird selig werden; wer aber nicht glaubet, der wird verdammt werden.

Zum dritten

Wie kann Wasser solche großen Dinge tun?
Wasser tut's freilich nicht, sondern das Wort Gottes, so mit und bei dem Wasser ist, und der Glaube, so solchem Worte Gottes im Wasser trauet. Denn ohne Gottes Wort ist das Wasser schlicht Wasser und keine Taufe; aber mit dem Worte Gottes ist es eine Taufe, das ist ein gnadenreich Wasser des Lebens und ein Bad der neuen Geburt im Heiligen Geist, wie St. Paulus sagt zu Titus im 3. Kapitel:
Gott macht uns selig durch das Bad der Wiedergeburt und Erneuerung des Heiligen Geistes, welchen er ausgegossen hat über uns reichlich durch Jesum Christum, unsern Heiland, auf daß wir durch desselben Gnade gerecht und Erben seien des ewigen Lebens nach der Hoffnung. Das ist gewißlich wahr.

Zum vierten

Was bedeutet denn solch Wassertaufen?
Es bedeutet, daß der alte Adam in uns durch tägliche Reue und Buße soll ersäufet werden und sterben mit

allen Sünden und bösen Lüsten, und wiederum täglich herauskommen und auferstehen ein neuer Mensch, der in Gerechtigkeit und Reinigkeit vor Gott ewiglich lebe.

Wo stehet das geschrieben?
St. Paulus zu den Römern am sechsten spricht:
Wir sind samt Christo durch die Taufe begraben in den Tod, auf daß, gleichwie Christus ist von den Toten auferwecket durch die Herrlichkeit des Vaters, also sollen wir auch in einem neuen Leben wandeln.

Wie man die Einfältigen soll lehren beichten

Was ist die Beichte?
Die Beichte begreift zwei Stücke in sich: eines, daß man die Sünden bekenne, das andere, daß man die Absolution oder Vergebung von dem Beichtiger empfange als von Gott selbst und ja nicht daran zweifle, sondern fest glaube, die Sünden seien dadurch vergeben vor Gott im Himmel.

Welche Sünden soll man denn beichten?
Vor Gott soll man aller Sünden sich schuldig geben, auch die wir nicht erkennen, wie wir im Vaterunser tun; aber vor dem Beichtiger sollen wir allein die Sünden bekennen, die wir wissen und fühlen im Herzen.

Welche sind die?
Da siehe deinen Stand an nach den zehn Geboten, ob du Vater, Mutter, Sohn, Tochter, Herr, Frau, Knecht, Magd bist, ob du ungehorsam, untreu, unfleißig gewesen bist, ob du jemand Leid getan hast mit Worten oder Werken, ob du gestohlen, versäumt, verwahrlost, Schaden getan hast.

Bitte zeige mir eine kurze Weise zu beichten

So sollst du zum Beichtiger sprechen: Würdiger, lieber Herr; ich bitte euch, wollet meine Beichte hören und mir die Vergebung zu sprechen um Gottes willen.

Sage an
Ich armer Sünder bekenne mich vor Gott aller Sünden schuldig; insonderheit bekenne ich vor euch, daß ich ein Knecht (Magd) etc. bin. Aber ich diene leider untreulich meinem Herrn; denn da und da habe ich nicht getan, was sie mich hießen, habe sie erzürnt und zu fluchen bewegt, habe versäumt und Schaden lassen geschehen, bin auch in Worten und Werken schamlos gewesen; habe mit meinesgleichen gezürnt, wider meine Frau (Herrn) gemurrt und geflucht etc. Das alles ist mir leid und bitte um Gnade; ich will mich bessern.

Ein Herr oder Frau sage also:
Insonderheit bekenne ich vor euch, daß ich meine Kinder und Gesinde nicht treulich erzogen habe zu Gottes Ehre. Ich habe geflucht, böse Exempel mit unzüchtigen Worten und Werken gegeben, meinem

Nachbar Schaden getan, übel nachgeredet, zu teuer verkauft, falsche und nicht ganze Ware gegeben. — Und was er mehr wider die Gebote Gottes und seinen Stand getan.

Wenn aber jemand sich nicht beschwert findet mit solchen oder größeren Sünden, der soll nicht sorgen oder weiter Sünden suchen noch erdichten und damit eine Marter aus der Beichte machen, sondern erzähle eine oder zwei, wie du weißt. Also: Insonderheit bekenne ich, daß ich einmal geflucht, ebenso einmal häßlich mit Worten gewesen, einmal dies oder das versäumt habe. Also laß es genug sein.

Weißt du aber gar keine, (was doch nicht wohl sollte möglich sein) so sage auch keine insonderheit, sondern nimm die Vergebung auf die gemeine Beichte d. h. das gebräuchliche Beichtgebet, die du vor Gott tust gegenüber dem Beichtiger.

Darauf soll der Beichtiger sagen:
Gott sei dir gnädig und stärke deinen Glauben. Amen.

Weiter:
Glaubst du auch, daß meine Vergebung Gottes Vergebung sei?
Ja, lieber Herr.

Darauf spreche er:
Wie du glaubest, so geschehe dir. Und ich, aus dem Befehl unsers Herrn Jesu Christi, vergebe dir deine Sünden im Namen des Vaters und des Sohnes und

des Heiligen Geistes. Amen.
Gehe hin in Frieden.

Welche aber große Beschwerung des Gewissens haben oder betrübt und angefochten sind, die wird ein Beichtvater wohl wissen mit mehr Sprüchen zu trösten und zum Glauben zu reizen. Das soll allein eine gemeine (d. h. einfache) Weise der Beichte sein für die Einfältigen.

Das fünfte Hauptstück

Das Sakrament des Altars,

wie es ein Hausvater den Seinen einfältig vorhalten soll.

Zum ersten

Was ist das Sakrament des Altars?
Es ist der wahre Leib und Blut unsers Herrn Jesu Christi, unter dem Brot und Wein uns Christen zu essen und zu trinken von Christo selbst eingesetzt.

Wo stehet das geschrieben?
So schreiben die heiligen Evangelisten Matthäus, Markus, Lukas und St. Paulus:
Unser Herr Jesus Christus, in der Nacht, da er verraten ward, nahm er das Brot, dankte und brach's und gab's seinen Jüngern und sprach: Nehmet hin und esset; das ist mein Leib, der für euch gegeben wird. Solches tut zu meinem Gedächtnis.

Desselbigengleichen nahm er auch den Kelch nach dem Abendmahl, dankte und gab ihnen den und sprach: Trinket alle daraus; dieser Kelch ist das neue Testament in meinem Blut, das für euch vergossen wird zur Vergebung der Sünden. Solches tut, so oft ihr's trinket, zu meinem Gedächtnis.

Zum andern

Was nützet denn solch Essen und Trinken?
Das zeigen uns diese Worte:
Für euch gegeben und vergossen zur Vergebung der Sünden;
nämlich, daß uns im Sakrament Vergebung der Sünden, Leben und Seligkeit durch solche Worte gegeben wird; denn wo Vergebung der Sünden ist, da ist auch Leben und Seligkeit.

Zum dritten

Wie kann leiblich Essen und Trinken solch große Dinge tun?
Essen und Trinken tut's freilich nicht, sondern die Worte, so da stehen:
Für euch gegeben und vergossen zur Vergebung der Sünden.
Solche Worte sind neben dem leiblichen Essen und Trinken das Hauptstück im Sakrament. Und wer denselben Worten glaubt, der hat, was sie sagen und wie sie lauten, nämlich Vergebung der Sünden.

Zum vierten

Wer empfängt denn solch Sakrament würdiglich?
Fasten und leiblich sich bereiten ist wohl eine feine äußerliche Zucht, aber der ist recht würdig und wohl geschickt, wer den Glauben hat an diese Worte:

Für euch gegeben und vergossen zur Vergebung der Sünden.
Wer aber diesen Worten nicht glaubt oder zweifelt, der ist unwürdig und ungeschickt; denn das Wort »**Für euch**« fordert eitel gläubige Herzen.

Wie ein Hausvater die Seinen lehren soll, sich morgens und abends zu segnen.

Des Morgens, so du aus dem Bett fährst, sollst du dich segnen mit dem heiligen Kreuz und sagen:
Das walte Gott Vater, Sohn und Heiliger Geist. Amen.

Darauf kniend oder stehend den Glauben und Vaterunser. Willst du, so magst du dies Gebetlein dazu sprechen:
Ich danke dir, mein himmlischer Vater, durch Jesum Christum, deinen lieben Sohn, daß du mich diese Nacht vor allem Schaden und Gefahr behütet hast, und bitte dich, du wollest mich diesen Tag auch behüten vor Sünden und allem Übel, daß dir all mein Tun und Leben gefalle. Denn ich befehle mich, meinen Leib und Seele und alles in deine Hände; dein heiliger Engel sei mit mir, daß der böse Feind keine Macht an mir finde. Amen.

Und alsdann mit Freuden an dein Werk gegangen und etwa ein Lied gesungen oder die Zehn Gebote oder was deine Andacht gibt.

Der Abendsegen

Des Abends, wenn du zu Bette gehst, sollst du dich segnen mit dem heiligen Kreuz und sagen:
Das walte Gott Vater, Sohn und Heiliger Geist. Amen.

Darauf kniend oder stehend den Glauben und Vaterunser. Willst du, so magst du dies Gebetlein dazu sprechen:
Ich danke dir, mein himmlischer Vater, durch Jesum Christum, deinen lieben Sohn, daß du mich diesen Tag gnädiglich behütet hast, und bitte dich, du wollest mir vergeben alle meine Sünden, wo ich Unrecht getan habe, und mich diese Nacht auch gnädiglich behüten. Denn ich befehle mich, meinen Leib und Seele und alles in deine Hände. Dein heiliger Engel sei mit mir, daß der böse Feind keine Macht an mir finde. Amen.

Und alsdann flugs und fröhlich geschlafen.

Wie ein Hausvater die Seinen lehren soll, das Benedicite und Gratias (d. h. das Tischgebet um Gottes Segen und das Dankgebet für Gottes Gaben) zu sprechen.

Das Benedicite

Eltern, Kinder und Gesinde sollen mit gefalteten Händen und zuchtvoll vor den Tisch treten und sprechen:
Aller Augen warten auf dich, Herr, und du gibst ihnen

ihre Speise zu seiner Zeit. Du tust deine milde Hand auf und sättigst alles, was lebt, mit Wohlgefallen.

Danach das Vaterunser und dies folgende Gebet:
Herr Gott, himmlischer Vater, segne uns und diese deine Gaben, die wir von deiner milden Güte zu uns nehmen, durch Jesum Christum, unsern Herrn. Amen.

Das Gratias

Also auch nach dem Essen sollen sie gleicherweise tun, zuchtvoll und mit gefalteten Händen sprechen:
Danket dem Herrn, denn er ist freundlich, und seine Güte währet ewiglich. Der allem Fleische Speise gibt, der dem Vieh sein Futter gibt, den jungen Raben, die ihn anrufen. Er hat nicht Lust an der Stärke des Rosses noch Gefallen an jemandes Beinen. Der Herr hat Gefallen an denen, die ihn fürchten und die auf seine Güte warten.

Danach das Vaterunser und dies folgende Gebet:
Wir danken dir, Herr Gott, himmlischer Vater, durch Jesum Christum, unsern Herrn, für alle deine Wohltat, der du lebest und regierest in Ewigkeit. Amen.

Die Haustafel

etlicher Sprüche für allerlei heilige Stände, dadurch dieselben in der Führung ihres Amtes und in der Ausrichtung ihres Dienstes zu ermahnen.

Den Bischöfen, Pfarrherrn und Predigern

Ein Bischof soll unsträflich sein, eines Weibes Mann, nüchtern, mäßig, anständig, gastfrei, lehrhaftig; nicht ein Weinsäufer, nicht raufen, nicht unehrliche Hantierung treiben, sondern gelinde, nicht zänkisch, nicht geizig; der seinem eigenen Hause wohl vorstehe, der gehorsame Kinder habe mit aller Ehrbarkeit; nicht ein Neuling; der ob dem Worte halte, das gewiß ist, und lehren kann, auf daß er mächtig sei, zu ermahnen durch die heilsame Lehre und zu strafen die Widersprecher. 1.Tim 3, Tit 1.

Was die Zuhörer ihren Lehrern und Seelsorgern zu tun schuldig sind

Der Herr hat befohlen, daß, die das Evangelium verkündigen, sich vom Evangelium nähren sollen. 1. Kor 9.

Der unterrichtet wird mit dem Wort, der teile mit allerlei Gutes dem, der ihn unterrichtet. Gal 6.

Die Ältesten, die wohl vorstehen, die halte man zwiefacher Ehre wert, sonderlich die da arbeiten im Wort und in der Lehre. Denn es spricht die Schrift: Ein Arbeiter ist seines Lohnes wert. 1. Tim 5.

Wir bitten euch, liebe Brüder, daß ihr erkennt, die an euch arbeiten und euch vorstehen in dem Herrn und euch ermahnen. Habt sie desto lieber um ihres Werkes willen und seid friedsam mit ihnen. 1. Thess 5.

Gehorchet euren Lehrern und folget ihnen, denn sie wachen über eure Seelen, als die da Rechenschaft dafür geben sollen, auf daß sie das mit Freuden tun und nicht mit Seufzen; denn das ist euch nicht gut.
Hebr 13.

Von weltlicher Obrigkeit

Jedermann sei untertan der Obrigkeit, die Gewalt über ihn hat. Denn es ist keine Obrigkeit ohne von Gott; wo aber Obrigkeit ist, die ist von Gott verordnet. Wer sich nun der Obrigkeit widersetzt, der widerstrebt Gottes Ordnung. Die aber widerstreben, werden über sich ein Urteil empfangen; denn sie trägt das Schwert nicht umsonst; sie ist Gottes Dienerin, eine Rächerin zur Strafe über den, der Böses tut. Röm 13.

Von den Untertanen

Gebet dem Kaiser, was des Kaisers ist, und Gott, was Gottes ist. Mt 22.

Darum ist's not, untertan zu sein, nicht allein um der Strafe willen, sondern auch um des Gewissens willen. Derhalben müßt ihr auch Schoß (d. h. Steuern) geben; denn sie sind Gottes Diener, die solchen Schutz sollen handhaben. So gebet nun jedermann, was ihr schuldig seid: Schoß, dem der Schoß gebührt; Zoll, dem der Zoll gebührt; Furcht, dem die Furcht gebührt; Ehre, dem die Ehre gebührt. Röm 13.

So ermahne ich nun, daß man vor allen Dingen zuerst tue Bitte, Gebet, Fürbitte und Danksagung für alle Menschen, für die Könige und für alle Obrigkeit, auf daß wir ein geruhiges und stilles Leben führen mögen in aller Gottseligkeit und Ehrbarkeit; denn solches ist gut, dazu auch angenehm vor Gott, unserm Heiland. 1. Tim 2.

Erinnere sie, daß sie den Fürsten und der Obrigkeit untertan und gehorsam seien. Tit 3.

Seid untertan aller menschlichen Ordnung um des Herrn willen, es sei dem Könige als dem Obersten oder den Hauptleuten als die von ihm gesandt sind zur Rache über die Übeltäter und zu Lobe den Frommen. 1. Petr 2.

Den Ehemännern

Ihr Männer, wohnet bei euren Weibern mit Vernunft und gebet dem weiblichen als dem schwächeren Werkzeug seine Ehre, als die auch Miterben sind der

Gnade des Lebens, auf daß euer Gebet nicht verhindert werde. 1. Petr 3.

Ihr Männer, liebet eure Weiber und seid nicht bitter gegen sie. Kol 3.

Den Ehefrauen

Die Weiber seien untertan ihren Männern als dem Herrn, wie Sara Abraham gehorsam war und hieß ihn Herr, welcher Töchter ihr geworden seid, so ihr wohltut und euch nicht lasset schüchtern machen (d. h. durch Ungläubige einschüchtern). Eph 5, 1. Petr 3.

Den Eltern

Ihr Väter, reizet eure Kinder nicht zum Zorn, daß sie nicht scheu werden; sondern zieht sie auf in der Zucht und Vermahnung zum Herrn. Eph 6, Kol 3.

Den Kindern

Ihr Kinder, seid gehorsam euren Eltern in dem Herrn; denn das ist billig. Ehre Vater und Mutter; das ist das erste Gebot, das Verheißung hat: Auf daß dir's wohlgehe und du lange lebest auf Erden. Eph 6.

Den Knechten, Mägden, Tagelöhnern und Arbeitern

Ihr Knechte, seid gehorsam euren leiblichen Herren mit Furcht und Zittern, in Einfältigkeit eures Herzens, als dem Herren Christo. Nicht mit Dienst allein vor Augen, um den Menschen zu gefallen, sondern als die Knechte Christi, daß ihr solchen Willen Gottes tut von Herzen mit gutem Willen. Lasset euch dünken, daß ihr dem Herrn dienet und nicht den Menschen, und wisset, was ein jeglicher Gutes tun wird, das wird er von dem Herrn empfangen, er sei ein Knecht oder ein Freier. Eph 6.

Den Hausherren und Hausfrauen

Ihr Herren, tut dasselbe gegen sie und lasset das Drohen und wisset, daß ihr auch einen Herrn im Himmel habt, und ist bei ihm kein Ansehen der Person. Eph 6.

Der allgemeinen Jugend

Ihr Jungen, seid den Alten untertan und beweiset darin die Demut; denn Gott widersteht den Hoffärtigen, aber den Demütigen gibt er Gnade. So demütiget euch nun unter die gewaltige Hand Gottes, daß er euch erhöhe zu seiner Zeit. 1. Petr 5.

Den Witwen

Welche eine rechte Witwe und einsam ist, die stellt ihre Hoffnung auf Gott und bleibt am Gebet und Flehen Tag und Nacht. Welche aber in Wollüsten lebt, die ist lebendig tot. 1. Tim 5.

Der Gemeinde

Liebe deinen Nächsten wie dich selbst: in dem Wort sind alle Gebote zusammengefaßt. Röm 13.

Und haltet an mit Beten für alle Menschen. 1. Tim 2.

Ein jeder lerne seine Lektion
(d. h. seine Pflichten nach Gottes Wort),
So wird es wohl im Hause stohn.

Das dritte Buch

Ausführliche Erklärung des Katechismus

Eingang

1. Was bist du aus Gottes Berufung und Gnade?
Ich bin ein Christ.

2. Tim 1, 9. Gott hat uns selig gemacht und berufen mit einem heiligen Ruf, nicht nach unsern Werken, sondern nach seinem Vorsatz und Gnade.

2. Was bedeutet das Wort Christ?
Einen Gesalbten, der sogleich in der Taufe die Salbung des Heiligen Geistes von dem empfangen hat, der heilig ist.

1. Joh 2, 20. Ihr habt die Salbung von dem, der heilig ist.

3. Von wem führst du diesen Namen?
Von meinem Herrn Christo, den Gott mit dem Heiligen Geist ohne Maß gesalbt hat.

Apg 10, 38. Gott hat Jesum von Nazareth gesalbt mit dem Heiligen Geist und Kraft.

4. Warum führst du denn deinen Namen von Christo?
Weil ich auf den Namen Jesu Christi getauft bin und an ihn glaube, auch mit christlicher Lehre und Wandel ihm diene und von ihm die ewige Seligkeit erwarte.

Gal 3, 26. 27. Ihr seid alle Gottes Kinder durch den Glauben an Christum Jesum; denn wieviel euer getauft sind, die haben Christum angezogen.

Kol 3, 17. Alles, was ihr tut mit Worten oder mit Werken, das tut alles in dem Namen des Herrn Jesu und danket Gott und dem Vater durch ihn.

5. Was ist die christliche Lehre?
Es ist die heilsame Erkenntnis des wahren Gottes aus seinem Wort, worauf meine Seligkeit beruht.

Joh 17, 3. Das, Vater, ist das ewige Leben, daß sie dich, der du allein wahrer Gott bist, und den du gesandt hast, Jesum Christum, erkennen.

Mt 11, 27. Niemand kennet den Sohn denn nur der Vater, und niemand kennet den Vater denn nur der Sohn und wem es der Sohn will offenbaren.

6. Wo findest du diese Lehre?
In dem christlichen Katechismus.

7. Was ist der Katechismus?
Der Katechismus ist ein kurzer Unterricht, in welchem die Hauptstücke der christlichen Lehre, soviel einem jeden Christen zu seiner Seligkeit zu wissen nötig ist, aus der Heiligen Schrift genommen und durch Frage und Antwort erklärt werden.

8. Was ist die Heilige Schrift?
Sie ist das Wort Gottes, aus innerlichem Triebe des Heiligen Geistes durch die Propheten und Apostel aufgezeichnet, zur heilsamen Erkenntnis Gottes und Erlangung der ewigen Seligkeit.

2. Petr 1, 21. Es ist noch nie eine Weissagung aus menschlichem Willen hervorgebracht, sondern die heiligen Menschen Gottes haben geredet, getrieben von dem Heiligen Geist.

Mt 10, 20. Ihr seid es nicht, die da reden, sondern eures Vaters Geist ist es, der durch euch redet.

2. Tim 3, 15-17. Weil du von Kind auf die heilige Schrift weißt, kann dich dieselbe unterweisen zur Seligkeit durch den Glauben an Christum Jesum. Denn alle Schrift, von Gott eingegeben, ist nütze zur Lehre, zur Strafe, zur Besserung, zur Züchtigung in der Gerechtigkeit, daß ein Mensch Gottes sei vollkommen, zu allem guten Werk geschickt.

9. Wie wird die Heilige Schrift eingeteilt?
In zwei Hauptteile: das Alte Testament oder das Gesetz und die Propheten, und das Neue Testament oder das Evangelium von Jesu Christo, der das Gesetz und die Propheten erfüllt hat.

Hebr 1, 1. 2. Nachdem vor Zeiten Gott manchmal auf mancherlei Weise geredet hat zu den Vätern durch die Propheten, hat er am letzten in diesen Tagen zu uns geredet durch den Sohn.

Mt 5, 17. Ihr sollt nicht wähnen, daß ich gekommen bin, das Gesetz oder die Propheten aufzulösen. Ich bin nicht gekommen aufzulösen, sondern zu erfüllen.

Lk 24, 44. Es muß alles erfüllt werden, was von mir geschrieben steht im Gesetz Moses, in den Propheten und in den Psalmen.

Joh 1, 17. Das Gesetz ist durch Mose gegeben; die Gnade und Wahrheit ist durch Jesum Christum geworden.

Joh 5, 39. Suchet in der Schrift; denn ihr meinet, ihr habt das ewige Leben darin, und sie ist's, die von mir zeuget.

10. Wie wird der Katechismus eingeteilt?
In fünf Hauptstücke.

11. Welches sind die fünf Hauptstücke?
1. Die Zehn Gebote.
2. Der Glaube.
3. Das Vaterunser.
4. Die heilige Taufe.
5. Das heilige Abendmahl.

Das erste Hauptstück

Die heiligen Zehn Gebote

1. Wer hat die Zehn Gebote gegeben?
Gott der Herr. 2. Mose Kap. 20.

2. Wo hat er sie gegeben?
In der Wüste, oben auf dem Berge Sinai.
2. Mose Kap. 19.

3. Durch wen hat er sie gegeben?
Durch seinen treuen Diener Mose.

4. Was hat er uns darin gegeben?
Sein Gesetz.

5. Was ist das Gesetz?
Es ist das eine Stück des Wortes Gottes, in welchem Gott allen Menschen vorschreibt, was er wolle von ihnen getan und gelassen haben.

Mi 6, 8. Es ist dir gesagt, Mensch, was gut ist und was der Herr von dir fordert.

6. Wie wird das Gesetz eingeteilt?
In zwei unterschiedliche Tafeln.

7. Wovon handelt die erste Tafel?
Von der Liebe gegen Gott in den drei ersten Geboten.

8. Wovon handelt die zweite Tafel?
Von der Liebe gegen den Nächsten in den sieben letzten Geboten.

Mt 22, 37-40. Du sollst lieben Gott, deinen Herrn, von ganzem Herzen, von ganzer Seele und von ganzem Gemüte. Dies ist das vornehmste und größte Gebot. Das andere aber ist dem gleich: Du sollst deinen Nächsten lieben wie dich selbst. In diesen zwei Geboten hanget das ganze Gesetz und die Propheten.

9. Wozu dient das Gesetz den Ungläubigen?
Zur äußerlichen Zucht im Leben.

Ps 32, 9. Seid nicht wie Rosse und Maultiere, die nicht verständig sind, welchen man Zaum und Gebiß muß ins Maul legen, wenn sie nicht zu dir wollen.

10. Warum nur zur äußerlichen Zucht?
Weil ohne den Glauben und Heiligen Geist der Mensch nur äußerlich ehrbar zu leben, nicht aber das Gesetz Gottes innerlich im Geist und in der Wahrheit zu erfüllen vermag.

Röm 7, 14. Wir wissen, daß das Gesetz geistlich ist, ich aber bin fleischlich, unter die Sünde verkauft.

Röm 8, 7. Fleischlich gesinnt sein ist eine Feindschaft wider Gott, sintemal es dem Gesetz Gottes nicht untertan ist; denn es vermag es auch nicht.

11. Wozu dient das Gesetz bei der Bekehrung?
Daß wir daraus unsere Sünde erkennen samt dem Zorn Gottes wider die Sünde.

Röm 3, 20. Durch das Gesetz kommt Erkenntnis der Sünde.

Gal 3, 10. Verflucht sei jedermann, der nicht bleibt in alledem, das geschrieben steht in dem Buch des Gesetzes, daß er's tue.

Gal 3, 24. Das Gesetz ist unser Zuchtmeister gewesen auf Christum, daß wir durch den Glauben gerecht würden.

12. Was ist die Sünde?
Die Sünde ist das Unrecht wider das Gesetz.

1. Joh 3, 4. Wer Sünde tut, der tut auch Unrecht, und die Sünde ist das Unrecht.

13. Wie unterscheidet man die Sünde?
Als Erbsünde und Tatsünde.

14. Was ist die Erbsünde?
Die Erbsünde ist das sündliche Verderben, in welchem nach dem Fall Adams und dem Verlust des göttlichen Ebenbildes alle Menschen geboren werden,

daher sie zu Glauben, Furcht und Liebe Gottes untüchtig und voll böser Lust sind und in solchem Stande Kinder des Zornes und des Todes.

Röm 5, 12. Durch Einen Menschen ist die Sünde gekommen in die Welt und der Tod durch die Sünde, und ist also der Tod zu allen Menschen durchgedrungen, dieweil sie alle gesündigt haben.

Röm 3, 23. Es ist hier kein Unterschied; sie sind allzumal Sünder und mangeln des Ruhms, den sie an Gott haben sollten.

Joh 3, 6. Was vom Fleisch geboren wird, das ist Fleisch.

1. Mose 8, 21. Das Dichten des menschlichen Herzens ist böse von Jugend auf.

Eph 2, 3. Wir waren Kinder des Zorns von Natur.

15. Was ist die Tatsünde?
Alles, was aus der Erbsünde wider das Gesetz Gottes entweder getan oder unterlassen wird, mit Gedanken und Begierden, mit Gebärden, Worten und Werken.

Lk 6, 43. 44. Es ist kein guter Baum, der faule Frucht trage, und kein fauler Baum, der gute Frucht trage. Ein jeglicher Baum wird an seiner eigenen Frucht erkannt.

Mt 15, 19. Aus dem Herzen kommen arge Gedanken, Mord, Ehebruch, Hurerei, Dieberei, falsche Zeugnisse, Lästerungen.

Jak 4, 17. Wer da weiß Gutes zu tun, und tut's nicht, dem ist's Sünde.

Mt 12, 36. Ich sage euch, daß die Menschen müssen Rechenschaft geben am Jüngsten Gericht von einem jeglichen unnützen Wort, das sie geredet haben.

16. Wie geschieht solches?
Es geschieht wissentlich oder unwissentlich, mit Vorsatz oder aus Übereilung, mit Bosheit oder aus Schwachheit.

Ps 19, 13. Wer kann merken, wie oft er fehlet? Verzeihe mir die verborgenen Fehle.

17. Wozu dient das Gesetz den wiedergeborenen Christen?
Zur Regel und Richtschnur des ganzen Lebens, daß sie sich nach demselben aller guten Werke befleißigen.

Ps 119, 105. Dein Wort ist meines Fußes Leuchte und ein Licht auf meinem Wege.

1. Joh 5, 3. Das ist die Liebe zu Gott, daß wir seine Gebote halten, und seine Gebote sind nicht schwer.

18. Was sind gute Werke?
Alles was ein gläubiger Mensch will, denkt, redet oder tut nach den heiligen Zehn Geboten, Gott damit zu ehren, seinem Nächsten zu dienen und seinen eigenen Glauben dadurch zu zeigen.

Mt 5, 16. Lasset euer Licht leuchten vor den Leuten, daß sie eure guten Werke sehen und euren Vater im Himmel preisen.

19. Kannst du das tun, was das Gesetz von dir fordert?
Ach nein! Vollkommen kann ich es in diesem Leben nicht tun, wegen der anklebenden Sünde.

Röm 7, 18. 19. Ich weiß, daß in mir, das ist in meinem Fleische, wohnt nichts Gutes. Wollen habe ich wohl, aber vollbringen das Gute finde ich nicht. Denn das Gute, das ich will, das tue ich nicht, sondern das Böse, das ich nicht will, das tue ich.

20. So muß dich also der Fluch des Gesetzes treffen?
Von Rechts wegen sollte und müßte er mich freilich treffen; es ist mir aber mein Herr Jesus gut dafür; denn er hat das Gesetz erfüllt.

21. Was geht dich das an?
Es geht mich freilich an; seine Erfüllung ist meine Erfüllung; denn er hat das Gesetz an meiner Statt erfüllt und mich von dem Fluch des Gesetzes erlöst.

Röm 5, 19. Gleichwie durch Eines Menschen Ungehorsam viele Sünder geworden sind, also auch durch Eines Gehorsam werden viele Gerechte.

Gal 3, 13. Christus hat uns erlöst von dem Fluch des Gesetzes, da er ward ein Fluch für uns.

22. Wodurch ist denn Christi Erfüllung deine Erfüllung?
Durch den Glauben.

Röm 10, 4. Christus ist des Gesetzes Ende; wer an den glaubt, der ist gerecht.

23. Mußt du aber nicht auch selbst nach dem Gesetz tun?
O ja, ich muß es nun auch selbst mit anfangen zu halten, so gut ich durch Gottes Gnade kann.

1. Joh 2, 6. Wer da sagt, daß er in ihm bleibt, der soll auch wandeln, gleichwie er gewandelt hat.

Eph 2, 10. Wir sind sein Werk, geschaffen in Christo Jesu zu guten Werken, zu welchen Gott uns zuvor bereitet hat, daß wir darin wandeln sollen.

Jak 2, 17. Wenn der Glaube nicht Werke hat, ist er tot an ihm selber.

Das erste Gebot

Wie lautet das erste Gebot?
Ich bin der Herr, dein Gott. Du sollst nicht andere Götter haben neben mir. Du sollst dir kein Bildnis noch irgendein Gleichnis machen, weder des, das oben im Himmel, noch des, das unten auf Erden, oder des, das im Wasser unter der Erde ist. Bete sie nicht an und diene ihnen nicht.

Was ist das?
Wir sollen Gott über alle Dinge fürchten, lieben und vertrauen.

24. Wie lautet der Eingang der Zehn Gebote?
Ich bin der Herr, dein Gott.

25. Wozu dient dieser Eingang?
Daß wir zuvor Gott heilsam erkennen.

26. Was heißt Gott heilsam erkennen?
Es heißt: wissen und glauben, er sei der Herr, mein und unser aller Gott, und das für wahr halten, was er in seinem Wort offenbart hat.

Jer 9, 24. Wer sich rühmen will, der rühme sich des, daß er mich wisse und kenne, daß ich der Herr bin, der Barmherzigkeit, Recht und Gerechtigkeit übt auf Erden; denn solches gefällt mir, spricht der Herr.

27. Wird denn Gott allein aus seinem Wort erkannt?
Wohl sollte Gott auch erkannt werden aus den Werken der Schöpfung und aus dem Zeugnis des Gewissens, aber die Menschen haben die Wahrheit in Ungerechtigkeit aufgehalten.

Röm 1, 19. 20. Daß man weiß, daß Gott sei, ist den Menschen offenbar; denn Gott hat es ihnen offenbart, damit daß Gottes unsichtbares Wesen, das ist seine ewige Kraft und Gottheit, wird ersehen, so man des wahrnimmt an den Werken, nämlich an der Schöpfung der Welt.

Hiob 12, 7-9. Frage doch das Vieh, das wird dich's lehren, und die Vögel unter dem Himmel, die werden dir's sagen; oder rede mit der Erde, die wird dich's lehren, und die Fische im Meer werden dir's erzählen. Wer weiß solches alles nicht, daß des Herrn Hand das gemacht hat?

Röm 2, 14. 15. Die Heiden, die das Gesetz nicht haben und doch von Natur tun des Gesetzes Werk, dieselben, dieweil sie das Gesetz nicht haben, sind sie sich selbst ein Gesetz, damit daß sie beweisen, des Gesetzes Werk sei geschrieben in ihren Herzen, sintemal ihr Gewissen ihnen bezeugt, dazu auch die Gedanken, die sich untereinander verklagen oder entschuldigen.

Röm 1, 18. 21. Gottes Zorn vom Himmel wird offenbart über alles gottlose Wesen und Ungerechtigkeit der Menschen, die die Wahrheit in Ungerechtigkeit aufhalten... dieweil sie wußten, daß ein Gott ist, und haben ihn nicht gepriesen als einen Gott noch ihm gedankt, sondern sind in ihrem Dichten eitel geworden, und ihr unverständiges Herz ist verfinstert.

28. Wer ist der Herr?
Niemand anders als der wahre, lebendige Gott, der sich selber in seinem Wort offenbart hat, der Gott Abrahams, der Gott Isaaks, der Gott Jakobs, der Vater unsers Herrn Jesu Christi, unser Herr, Gesetzgeber und Richter.

Jes 42, 8. Ich, der Herr, das ist mein Name, und will meine Ehre keinem andern geben noch meinen Ruhm den Götzen.

Jak 4, 12. Es ist ein einiger Gesetzgeber, der kann selig machen und verdammen.

1. Mose 17, 1. Ich bin der allmächtige Gott, wandle vor mir und sei fromm.

29. Warum nennt er sich deinen Gott?
Zu bezeugen, daß er's allein ist und kein Gott außer ihm, und daß er mich je und je geliebt hat und ganz mein eigen sein will, und daß ich ganz sein eigen sein soll und mit Leib und Seele und allem Vermögen ihm allein dienen.

Jer 31, 3. Ich habe dich je und je geliebet, darum habe ich dich zu mir gezogen aus lauter Güte.

Ps 95, 6. 7. Kommt, laßt uns anbeten, knien und niederfallen vor dem Herrn, der uns gemacht hat. Denn er ist unser Gott und wir das Volk seiner Weide und Schafe seiner Hand.

30. Was verbietet Gott im ersten Gebot?
Die Abgötterei oder den Götzendienst: Wir sollen nicht andere Götter haben neben ihm.

Mt 4, 10. Du sollst anbeten Gott, deinen Herrn, und ihm allein dienen.

31. Was sind andere Götter?

Nicht allein die Götzen der Heiden, sondern alles, was wir außer dem wahren Gott und neben ihm in unserm Herzen als einen Gott halten, lieben und ehren.

Röm 1, 22. 23. 25. Da die Menschen sich für weise hielten, sind sie zu Narren geworden und haben verwandelt die Herrlichkeit des unvergänglichen Gottes in ein Bild und haben geehrt und gedient dem Geschöpf mehr denn dem Schöpfer, der da gelobt ist in Ewigkeit.

Spr 3, 5. Verlaß dich auf den Herrn von ganzem Herzen und verlaß dich nicht auf deinen Verstand.

Phil 3, 18. 19. Viele wandeln, von welchen ich euch oft gesagt habe, nun aber sage ich auch mit Weinen, daß sie sind die Feinde des Kreuzes Christi, welcher Ende ist die Verdammnis, welchen der Bauch ihr Gott ist.

Mt 6, 24. Ihr könnt nicht Gott dienen und dem Mammon.

Mt 10, 37. Wer Vater oder Mutter mehr liebt denn mich, der ist mein nicht wert, und wer Sohn oder Tochter mehr liebt denn mich, der ist mein nicht wert.

Ps 146, 3. 4. Verlaßt euch nicht auf Fürsten; sie sind Menschen, die können ja nicht helfen. Denn des Menschen Geist muß davon, und er muß wieder zu Erde werden; alsdann sind verloren alle seine Anschläge.

32. Was fordert Gott im ersten Gebot?
Wir sollen Gott über alle Dinge fürchten, lieben und vertrauen.

33. Was heißt Gott über alle Dinge fürchten?
Es heißt, wegen seiner hohen Herrlichkeit, Heiligkeit und Gerechtigkeit aus kindlicher Furcht und Sorgfalt sich vor keinem Ding so sehr scheuen als vor dem Zorn des allmächtigen und allwissenden Gottes, daß er uns nicht ungnädig werde.

Jes 6, 3. Heilig, heilig, heilig ist der Herr Zebaoth; alle Lande sind seiner Ehre voll.

Ps 5, 5. Du bist nicht ein Gott, dem gottlos Wesen gefällt; wer böse ist, bleibt nicht vor dir.

Ps 33, 8. 9. Alle Welt fürchte den Herrn, und vor ihm scheue sich alles, was auf dem Erdboden wohnt. Denn so er spricht, so geschieht's; so er gebietet, so stehet's da.

Jer 23, 23. 24. Bin ich nicht ein Gott, der nahe ist, spricht der Herr, und nicht ein Gott, der ferne sei? Meinest du, daß sich jemand so heimlich verbergen könne, daß ich ihn nicht sehe? spricht der Herr. Bin ich's nicht, der Himmel und Erde füllt? spricht der Herr.

Ps 139, 1-4. Herr, du erforschest mich und kennest mich. Ich sitze oder stehe auf, so weißt du es; du verstehst meine Gedanken von ferne. Ich gehe oder liege, so bist du um mich und siehest alle meine Wege. Denn siehe, es ist kein Wort auf meiner Zunge, das du, Herr, nicht alles wissest.

1. Mose 39, 9. Wie sollt ich ein solch groß Übel tun und wider Gott sündigen?

Mt 10, 28. Fürchtet euch nicht vor denen, die den Leib töten und die Seele nicht können töten. Fürchtet euch aber vielmehr vor dem, der Leib und Seele verderben kann in die Hölle.

34. Was heißt Gott über alle Dinge lieben?
Es heißt: wegen seiner Gütigkeit und Barmherzigkeit eine herzliche Zuneigung und sehnliches Verlangen nach ihm tragen, sich in ihm allein freuen und um seinetwillen alles Kreuz willig erdulden.

1. Joh 4, 16. Gott ist die Liebe.

1. Joh 4, 9. Daran ist erschienen die Liebe Gottes gegen uns, daß Gott seinen eingebornen Sohn gesandt hat in die Welt, daß wir durch ihn leben sollen.

1. Joh 4, 19. Lasset uns ihn lieben; denn er hat uns zuerst geliebt.

Ps 18, 2. 3. Herzlich lieb habe ich dich, Herr, meine Stärke; Herr, mein Fels, meine Burg, mein Erretter, mein Gott, mein Hort, auf den ich traue, mein Schild und Horn meines Heils und mein Schutz.

1. Joh 5, 3. Das ist die Liebe zu Gott, daß wir seine Gebote halten, und seine Gebote sind nicht schwer.

35. Was heißt Gott über alle Dinge vertrauen?
Es heißt: sich in Lieb und Leid auf seine Allgegenwart, Macht und Weisheit allein verlassen, seiner Treue und wahrhaftigen Verheißung von ganzem Herzen trauen, alle seine Hoffnung auf ihn allein setzen und im Glauben an ihn beständig verharren.

Jes 28, 29. Des Herrn Rat ist wunderbar und er führt es herrlich hinaus.

Ps 33, 4. Des Herrn Wort ist wahrhaftig, und was er zusagt, das hält er gewiß.

Jes 41, 10. Fürchte dich nicht, ich bin mit dir; weiche nicht, denn ich bin dein Gott. Ich stärke dich, ich helfe dir auch, ich erhalte dich durch die rechte Hand meiner Gerechtigkeit.

Ps 37, 3 - 5. Hoffe auf den Herrn und tue Gutes; bleibe im Lande und nähre dich redlich. Habe deine Lust am Herrn; der wird dir geben, was dein Herz wünschet. Befiehl dem Herrn deine Wege und hoffe auf ihn; er wird's wohl machen.

Ps 42, 12. Was betrübst du dich, meine Seele, und bist so unruhig in mir? Harre auf Gott; denn ich werde ihm noch danken, daß er meines Angesichts Hilfe und mein Gott ist.

Jes 49, 15. Kann auch ein Weib ihres Kindleins vergessen, daß sie sich nicht erbarme über den Sohn ihres Leibes? Und ob sie desselben vergäße, so will ich doch dein nicht vergessen.

Das zweite Gebot

Du sollst den Namen des Herrn, deines Gottes, nicht unnützlich führen; denn der Herr wird den nicht ungestraft lassen, der seinen Namen mißbraucht.

Was ist das?
Wir sollen Gott fürchten und lieben, daß wir bei seinem Namen nicht fluchen, schwören, zaubern, lügen oder trügen, sondern denselben in allen Nöten anrufen, beten, loben und danken.

36. Warum steht hier und bei den folgenden Geboten: Wir sollen Gott fürchten und lieben?
Anzuzeigen, daß das erste Gebot durch alle Gebote hindurchgeht, und wo nur das erste recht gehalten wird, alle andern nachfolgen.

37. Was verstehst du unter dem Namen Gottes?
Nicht allein die Worte Herr und Gott selbst und alle Namen, mit welchen ich ihn als meinen Gott nenne und bekenne, sondern auch sein Wort, seine Sakramente und alle Werke, in welchen er seine göttliche Gnade, Macht und Herrlichkeit sonderlich offenbart und uns zu erkennen gibt.

Ps 11, 9. Heilig und hehr ist sein Name.

Jer 10, 6. Dir, Herr, ist niemand gleich; du bist groß, und dein Name ist groß, und kannst es mit der Tat beweisen.

Ps 19, 1. Die Himmel erzählen die Ehre Gottes, und die Feste verkündiget seiner Hände Werk.

38. Was verbietet Gott im zweiten Gebot?
Den Mißbrauch des göttlichen Namens; insonderheit: Daß wir bei seinem Namen nicht fluchen, schwören, zaubern, lügen oder trügen.

39. Was heißt hier bei dem Namen Gottes fluchen?
Nicht der heilige Fluch der Männer Gottes; sondern wenn man Gott und sein Wort, seine Sakramente, Werke und Wohltaten, auch Christi Leiden, Marter, Blut und Wunden lästert und sich und andern dabei allerlei Übel und Not anwünscht.

Röm 12, 14. Segnet, die euch verfolgen; segnet und fluchet nicht.

Jak 3, 9. 10. Durch die Zunge loben wir Gott, den Vater, und durch sie fluchen wir den Menschen, nach dem Bilde Gottes gemacht. Aus Einem Munde geht Loben und Fluchen. Es soll nicht, lieben Brüder, also sein.

40. Was heißt hier schwören?
Nicht der Eid überhaupt; sondern wenn wir bei dem

schwören, das nicht Gott ist, oder fälschlich oder leichtfertig mit Gottes Namen etwas bekräftigen.

Mt 5, 34-37. Ich sage euch, daß ihr allerdings nicht schwören sollt, weder bei dem Himmel, denn er ist Gottes Stuhl, noch bei der Erde, denn sie ist seiner Füße Schemel, noch bei Jerusalem, denn sie ist eines großen Königs Stadt. Auch sollst du nicht bei deinem Haupt schwören; denn du vermagst nicht, ein einziges Haar weiß oder schwarz zu machen. Eure Rede aber sei: Ja, ja; nein, nein; was darüber ist, das ist vom Übel.

41. *Was ist der Eid?*
Der Eid ist eine Beteuerung bei dem heiligen Namen Gottes, da wir Gott zum Zeugen und Richter anrufen, daß wir nichts als die lautere Wahrheit und unsers Herzens eigentliche Meinung aussagen oder geloben.

5. Mose 6, 13. Du sollst den Herrn, deinen Gott, fürchten und ihm dienen und bei seinem Namen schwören.

Hebr 6, 16. Der Eid macht ein Ende alles Haders, dabei es fest bleibt unter ihnen.

42. *Was fordert der Eid von uns?*
Daß wir mit höchstem Ernst, reiflicher Überlegung und demütiger Andacht zu Gott schwören, wo es not ist.

43. *Wie versündigen wir uns beim Eide?*
Durch jeden Eid, den wir ohne Not, Andacht und Überlegung schwören; am schwersten durch den

Meineid, da wir mit Vorsatz falsch schwören oder unsern Eid mit Wissen und Willen brechen oder mit Hinterhalt, Zweideutigkeit und allerlei List betrüglich handeln.

4. Mose 30, 3. Wenn jemand dem Herrn ein Gelübde tut oder einen Eid schwört, daß er seine Seele bindet (d. h. sich bindend verpflichtet), der soll sein Wort nicht schwächen (d. h. brechen), sondern alles tun, wie es zu seinem Munde ist ausgegangen.

44. Warum ist das so schwer gesündigt?
Weil der Meineidige die allerhöchste Majestät Gottes, des Allwissenden und Heiligen, verspottet, den Wahrhaftigen zum Zeugen und Richter der Lüge macht, sich von Gottes Gnade und Hilfe für Zeit und Ewigkeit lossagt, dagegen den Zorn und das Gericht Gottes trotzig herausfordert und also mit seiner eignen armen Seele (Seligkeit) ein freventliches Spiel treibt.

2. Mose 20, 7. Der Herr wird den nicht ungestraft lassen, der seinen Namen mißbraucht.

Hes 17, 19. Also spricht der Herr Herr: So wahr ich lebe, so will ich meinen Eid, den er verachtet hat, und meinen Bund, den er gebrochen hat, auf seinen Kopf bringen.

Gal 6, 7. Irret euch nicht; Gott läßt sich nicht spotten.

Hebr 10, 31. Schrecklich ist's, in die Hände des lebendigen Gottes zu fallen.

Erstes Hauptstück. Zweites Gebot

45. Was heißt zaubern?
Übernatürliche Kräfte und wunderbare Aushilfe wider Gottes Ordnung und ohne Gottes Verheißung suchen.

46. Wie geschieht solches?
Durch allerlei Aberglauben mit Besprechen und Wahrsagen, Zeichendeuten, Geisterbannen und dergleichen, da man das Heilige mißbraucht und die hochgelobte Dreieinigkeit, Gottes Wort, Sakrament und Kreuz lästert oder sonst vorwitzige Kunst treibt.

47. Warum begehen wir damit eine schwere Sünde?
Die solches selber tun oder andere tun lassen, verleugnen den Glauben und treten wissentlich oder unwissentlich mit dem Teufel in Verbindung.

5. Mose 18, 10-12. Es soll nicht unter dir gefunden werden, der seinen Sohn oder Tochter durch's Feuer gehen lasse, oder ein Weissager oder ein Tagewähler oder der auf Vogelgeschrei achte oder ein Zauberer oder Beschwörer oder Wahrsager oder Zeichendeuter oder der die Toten frage. Denn wer solches tut, der ist dem Herrn ein Greuel.

Jes 8, 19. Soll nicht ein Volk seinen Gott fragen? oder soll man die Toten für die Lebendigen fragen?

48. Was heißt bei dem Namen Gottes lügen oder trügen?
Es heißt: unter dem Schein des göttlichen Namens und Wortes falsche Lehre ausbringen oder böses Leben verteidigen oder auch Gottes Namen und Wort zu

Heuchelei, Lug und Trug oder zu Scherz und Mutwillen mißbrauchen.

Ps 50, 16. 17. 21. Zum Gottlosen spricht Gott: Was verkündigest du meine Rechte und nimmst meinen Bund in deinen Mund, so du doch Zucht hassest und wirfst meine Worte hinter dich? Das tust du, und ich schweige; da meinest du, ich werde sein gleich wie du. Aber ich will dich strafen und will dir's unter Augen stellen.

Ps 1, 1. Wohl dem, der nicht wandelt im Rat der Gottlosen noch tritt auf den Weg der Sünder noch sitzt, da die Spötter sitzen.

Jes 5, 20. Wehe denen, die Böses gut und Gutes böse heißen, die aus Finsternis Licht und aus Licht Finsternis machen, die aus sauer süß und aus süß sauer machen.

49. Was fordert Gott im zweiten Gebot?
Daß wir den Namen Gottes in allen Nöten anrufen, beten, loben und danken.

50. Was heißt den Namen Gottes anrufen?
In allen Nöten seine Zuflucht zu Gott nehmen.

Ps 50, 15. Rufe mich an in der Not, so will ich dich erretten, so sollst du mich preisen.

51. Was heißt hier beten?
Alle guten Gaben allein bei Gott suchen.

Jak 1, 17. Alle gute Gabe und alle vollkommene Gabe kommt von oben herab, von dem Vater des Lichts.

52. Was heißt den Namen Gottes loben?
Alles zu Gottes Ehre richten und ihn mit Worten und Werken preisen.

1. Kor 10, 31. Ihr esset oder trinket oder was ihr tut, so tut es alles zu Gottes Ehre.

53. Was heißt Gott danken?
Gott rühmen für alle seine Wohltaten.

Ps 106, 1. Danket dem Herrn; denn er ist freundlich, und seine Güte währet ewiglich.

Das dritte Gebot

Wie lautet das dritte Gebot?
Du sollst den Feiertag heiligen.

Was ist das?
Wir sollen Gott fürchten und lieben, daß wir die Predigt und sein Wort nicht verachten, sondern dasselbe heilig halten, gerne hören und lernen.

54. Was ist ein Feiertag?
Ein Tag der Ruhe, da wir von unserm Tun ablassen, daß Gott sein Werk in uns habe.

55. Was fordert Gott im dritten Gebot?
Daß wir die Predigt und Gottes Wort heilig halten, gerne hören und lernen.

56. Was heißt die Predigt und Gottes Wort heilig halten?
In dem Worte und in der verordneten Predigt desselben die Stimme Gottes erkennen und ehren.

1. Thess 2, 13. Da ihr empfinget von uns das Wort göttlicher Predigt, nahmet ihr's auf, nicht als Menschenwort, sondern, wie es denn wahrhaftig ist, als Gottes Wort.

Joh 10, 27. Meine Schafe hören meine Stimme, und ich kenne sie, und sie folgen mir.

57. Was heißt Gottes Wort gerne hören?
Mit Herzenslust und Freude andächtig darauf merken und es in einem feinen, guten Herzen bewahren.

Ps 26, 8. Herr, ich habe lieb die Stätte deines Hauses und den Ort, da deine Ehre wohnet.

Lk 11, 28. Selig sind, die Gottes Wort hören und bewahren.

58. Was heißt Gottes Wort lernen?
Den Glauben daraus schöpfen und mehren und das Leben danach ausrichten.

Röm 10, 17. Der Glaube kommt aus der Predigt, das Predigen aber durch das Wort Gottes.

Jak 1, 22. Seid Täter des Worts und nicht Hörer allein, wodurch ihr euch selbst betrüget.

Jak 1, 27. Ein reiner und unbefleckter Gottesdienst vor Gott dem Vater ist der, die Waisen und Witwen in ihrer Trübsal zu besuchen und sich von der Welt unbefleckt erhalten.

59. Was gebietet Gott im dritten Gebot?
Daß wir die Predigt und Gottes Wort nicht verachten.

60. Wie verachten wir die Predigt?
Wenn wir das heilige Predigtamt und die Ordnungen der Kirche Gottes unwert halten, den öffentlichen Gottesdienst ohne Not versäumen und den Feiertag mit Wochenarbeiten und sündlichen Lustbarkeiten gemein machen (d. h. entheiligen).

2. Kor 5, 18. Gott, der uns mit sich selber versöhnt hat durch Jesum Christum, hat das Amt gegeben, das die Versöhnung predigt.

Lk 10, 16. Wer euch hört, der hört mich, und wer euch verachtet, der verachtet mich; wer aber mich verachtet, der verachtet den, der mich gesandt hat.

Hebr 10, 23 - 25. Lasset uns halten an dem Bekenntnis der Hoffnung und nicht wanken; denn er ist treu, der sie verheißen hat. Und lasset uns untereinander unser selbst wahrnehmen mit Reizen zur Liebe und guten Werken und nicht verlassen unsere Versammlung, wie etliche pflegen, sondern untereinander ermahnen.

61. Wie verachten wir das Wort Gottes an dem Feiertage?
Wenn wir es in der Kirche schläfrig und unachtsam hören oder meistern (das Wort Gottes meistern, d. h. kritisieren) oder auf andere deuten und auch zu Hause nicht lesen und beten und den Tag durch fleißige Übung des Wortes heiligen.

Pred 4, 17. Bewahre deinen Fuß, wenn du zum Hause Gottes gehst, und komm, daß du hörest.
Kol 3, 16. Lasset das Wort Christi unter euch reichlich wohnen in aller Weisheit. Lehret und vermahnet euch selbst mit Psalmen und Lobgesängen und geistlichen lieblichen Liedern und singet dem Herrn in euren Herzen.

Das vierte Gebot

Wie lautet das vierte Gebot?
Du sollst deinen Vater und deine Mutter ehren, auf daß dir's wohlgehe und du lange lebest auf Erden.

Was ist das?
Wir sollen Gott fürchten und lieben, daß wir unsere Eltern und Herren nicht verachten noch erzürnen, sondern sie in Ehren halten, ihnen dienen, gehorchen, sie lieb und wert haben.

62. Wer wird unter dem Namen Vater und Mutter verstanden?
Vor allem die leiblichen Eltern; aber auch diejenigen, welche im Hause und in der Gemeinde, im kirchli-

chen und bürgerlichen Leben von Gott Macht haben, zu gebieten und zu verbieten.

63. Was fordert Gott im vierten Gebot?
Daß wir unsere Eltern und Herren in Ehren halten, ihnen dienen, gehorchen, sie lieb und wert haben.
1. Petr 2, 13. Seid untertan aller menschlichen Ordnung um des Herrn willen.

64. Wie sollen wir sie in Ehren halten?
Daß wir sie in ihrem Amt und Stande für Gottes Ordnung erkennen und in aller Zucht, Demut und Scheu Gottes Namen und seine allerhöchste Obrigkeit in ihnen ehren.

Eph 3, 14. 15. Ich beuge meine Knie vor dem Vater unseres Herrn Jesu Christi, der der rechte Vater ist über alles, was da Kinder heißt im Himmel und auf Erden.

3. Mose 19, 32. Vor einem grauen Haupt sollst du aufstehen und die Alten ehren; denn du sollst dich fürchten vor deinem Gott; denn ich bin der Herr.

Röm 13, 1. Jedermann sei untertan der Obrigkeit, die Gewalt über ihn hat. Denn es ist keine Obrigkeit ohne von Gott; wo aber Obrigkeit ist, die ist von Gott verordnet.

1. Petr 2, 17. Fürchtet Gott, ehret den König.

1. Petr 2, 18. Ihr Knechte, seid untertan mit aller Furcht den Herren, nicht allein den gütigen und gelinden, sondern auch den wunderlichen.

Hebr 13, 17. Gehorchet euren Lehrern und folget ihnen; denn sie wachen über eure Seelen, als die da Rechenschaft dafür geben sollen, auf daß sie das mit Freuden tun und nicht mit Seufzen; denn das ist euch nicht gut.

65. Wie sollen wir ihnen dienen?
Daß wir ihnen mit dankbarem Herzen zu Willen sind, allerlei Guttaten gern erweisen, herzlich für sie beten und sie im Alter verpflegen.

1. Tim 2, 1 - 3. Ich ermahne, daß man vor allen Dingen zuerst tue Bitte, Gebet, Fürbitte und Danksagung für alle Menschen, für die Könige und für die Obrigkeit, auf daß wir ein geruhiges und stilles Leben führen mögen in aller Gottseligkeit und Ehrbarkeit; denn solches ist gut, dazu auch angenehm vor Gott, unserm Heiland.

(Liebes Kind, pflege deines Vaters im Alter und betrübe ihn ja nicht, solange er lebt. Sir 3, 14.)

66. Wie sollen wir ihnen gehorchen?
Daß wir ihrem Befehl und Willen in allem, was nicht wider Gottes Gebot ist, gern nachkommen, ihre Zucht annehmen und ihre Strafe uns ohne Widerspenstigkeit und Murren gefallen lassen.

Kol 3, 20. Ihr Kinder, seid gehorsam den Eltern in allen Dingen; denn das ist dem Herrn gefällig.

Apg 5, 29. Man muß Gott mehr gehorchen denn den Menschen.

67. Wie sollen wir sie lieb und wert haben?
Daß wir sie im Herzen hoch halten, ihnen alles Gute gönnen und mit ihren Gebrechlichkeiten Geduld tragen.

(Halte deinem Vater zugut, ob er kindisch würde, und verachte ihn ja nicht darum, daß du geschickter bist. Sir 3, 15.)

68. Welches ist die verheißene Belohnung?
Gott hat denen, die ihre Eltern und Herren ehren, Friede und Wohlergehen und ein langes Leben verheißen.

Eph 6, 1 - 3. Ihr Kinder, seid gehorsam euren Eltern in dem Herrn; denn das ist billig. Ehre Vater und Mutter; das ist das erste Gebot, das Verheißung hat: Auf daß dir's wohl gehe und du lange lebest auf Erden.

(Des Vaters Segen baut den Kindern Häuser; aber der Mutter Fluch reißt sie nieder. Sir 3, 11.)

69. Was verbietet Gott im vierten Gebot?
Daß wir unsere Eltern und Herren nicht verachten noch erzürnen.

70. Wie verachtet man sie?
Wenn man sie im Herzen gering schätzt oder mit Gebärden, Worten und Werken verspottet, sich ihrer Niedrigkeit schämt und ihnen Übles nachredet.

Spr 30, 17. Ein Auge, das den Vater verspottet und verachtet der Mutter zu gehorchen, das müssen die Raben am Bach aushacken und die jungen Adler fressen.

71. Wie erzürnt man sie?
Wenn man sich ihnen freventlich widersetzt oder ihnen flucht, sie Not leiden läßt oder sonst auf irgend eine Art verletzt.

Spr 20, 20. Wer seinem Vater und seiner Mutter flucht, des Leuchte wird verlöschen mitten in der Finsternis.

Apg 23, 5. Dem Obersten deines Volks sollst du nicht fluchen.

Das fünfte Gebot

Wie lautet das fünfte Gebot?
Du sollst nicht töten.

Was ist das?
Wir sollen Gott fürchten und lieben, daß wir unserm Nächsten an seinem Leibe keinen Schaden noch Leid tun, sondern ihm helfen und ihn fördern in allen Leibesnöten.

72. Wie geschieht das Töten?
Es geschieht entweder äußerlich mit der Tat, mit Worten und Gebärden oder innerlich mit dem Herzen.

Mt 5, 21. 22. Ihr habt gehört, daß zu den Alten gesagt ist: Du sollst nicht töten; wer aber tötet, der soll des Gerichts schuldig sein. Ich aber sage euch: Wer mit seinem Bruder zürnt, der ist des Gerichts schuldig; wer aber zu seinem Bruder sagt: Racha, der ist des Rats schuldig; wer aber sagt: Du Narr, der ist des höllischen Feuers schuldig.

73. Wie wird der Totschlag äußerlich verübt?
Wenn man jemand eigenmächtig ums Leben bringt oder ihm an Leben und Gesundheit Schaden zufügt.

74. Wer hat denn allein Macht über dein und anderer Menschen Leben?
Niemand sonst als allein Gott der Herr und wem er seine Macht über Leben und Tod anvertraut und befohlen hat.

5. Mose 32, 39. Ich bin's allein, und ist kein Gott neben mir. Ich kann töten und lebendig machen, ich kann schlagen und kann heilen, und ist niemand, der aus meiner Hand errette.

1. Mose 9, 5. 6. Ich will des Menschen Leben rächen an einem jeglichen Menschen, als dem, der sein Bruder ist. Wer Menschenblut vergießt, des Blut soll auch durch Menschen vergossen werden; denn Gott hat den Menschen zu seinem Bilde gemacht.

Röm 13, 4. Die Obrigkeit trägt das Schwert nicht umsonst; sie ist Gottes Dienerin, eine Rächerin zur Strafe über den, der Böses tut.

75. Hast du denn auch über dein eigenes Leben keine Macht, dich zu töten oder zu verletzen?
Das sei ferne! Ich bin nicht mein eigen, sondern mit Leib und Seele meines Gottes Geschöpf und meines Heilandes teuer erworbenes Eigentum.

Röm 14, 7. 8. Unser keiner lebt sich selber, und keiner stirbt sich selbst. Leben wir, so leben wir dem Herrn; sterben wir, so sterben wir dem Herrn. Darum wir leben oder sterben, so sind wir des Herrn.

Spr 24, 8. Wer sich selbst Schaden tut, den heißt man billig einen Erzbösewicht.

76. Wie wird der Totschlag innerlich verübt?
Wenn wir unchristlichen Zorn, Haß und Rachgier wider den Nächsten im Herzen tragen, ihn hochmütig verachten und mißgünstig beneiden, oder auch lieblos und unbarmherzig mit dem notleidenden Nächsten kein Mitleid haben, uns seines Unglücks heimlich freuen und ihm wohl gar noch ein Ärgeres wünschen.

1. Joh 3, 15. Wer seinen Bruder hasset, der ist ein Totschläger.

Röm 12, 19. Rächet euch selber nicht, meine Liebsten, sondern gebet Raum dem Zorn; denn es steht geschrieben: Die Rache ist mein; ich will vergelten, spricht der Herr.

Jak 3, 16. Wo Neid und Zank ist, da ist Unordnung und eitel böses Ding.

Spr 24, 17. Freue dich des Falles deines Feindes nicht, und dein Herz sei nicht froh über seinem Unglück.

77. Wer ist denn unser Nächster?
Ein jeder Mensch, er sei Freund oder Feind; denn alle Menschen insgesamt sind eingeschlossen in das allgemeine Gebot der Liebe, die dem Nächsten an Leib und Seele alles Gute und nichts Böses tut, und in die besonderen Gebote der zweiten Tafel, die in der Liebe erfüllt werden.

Mal 2, 10. Haben wir nicht alle Einen Vater? Hat uns nicht Ein Gott geschaffen?

Mt 5, 43-45. Ihr habt gehört, daß gesagt ist: Du sollst deinen Nächsten lieben und deinen Feind hassen. Ich aber sage euch: Liebet eure Feinde, segnet, die euch fluchen, tut wohl denen, die euch hassen, bittet für die, so euch beleidigen und verfolgen, auf daß ihr Kinder seid eures Vaters im Himmel; denn er läßt seine Sonne aufgehen über die Bösen und über die Guten und läßt regnen über Gerechte und Ungerechte.

Röm 13. 8-10. Seid niemand nichts schuldig, als daß ihr euch untereinander liebet; denn wer den andern liebt, der hat das Gesetz erfüllt. Denn das da gesagt ist: Du sollst nicht ehebrechen; du sollst nicht töten; du sollst nicht stehlen; du sollst nicht falsch Zeugnis geben; dich soll nichts gelüsten und so ein ander Gebot mehr ist, das wird in diesem Wort zusammengefaßt: Du sollst deinen Nächsten lieben wie dich selbst. Die Liebe tut dem Nächsten nichts Böses. So ist nun die Liebe des Gesetzes Erfüllung.

1. Kor 13, 1-7. Wenn ich mit Menschen- und mit Engelszungen redete und hätte der Liebe nicht, so wäre ich ein tönend Erz oder eine klingende Schelle. Und wenn ich weissagen könnte und wüßte alle Geheimnisse und alle Erkenntnis und hätte allen Glauben, also daß ich Berge versetzte, und hätte der Liebe nicht, so wäre ich nichts. Und wenn ich alle meine Habe den Armen gäbe und ließe meinen Leib brennen und hätte der Liebe nicht, so wäre mir's nichts nütze.

Die Liebe ist langmütig und freundlich; die Liebe eifert nicht; die Liebe treibt nicht Mutwillen; sie blähet sich nicht; sie stellet sich nicht ungebärdig; sie suchet nicht das Ihre; sie freuet sich nicht der Ungerechtigkeit, sie freuet sich aber der Wahrheit; sie verträget alles, sie glaubet alles, sie hoffet alles, sie duldet alles. Mt 7, 12. Alles was ihr wollt, daß euch die Leute tun sollen, das tut ihr ihnen; das ist das Gesetz und die Propheten.

78. Was verbietet Gott im fünften Gebot?
Daß wir unserm Nächsten an seinem Leibe keinen Schaden noch Leid tun.

79. Wie tun wir unserm Nächsten an seinem Leibe Schaden?
Wenn wir ihn entweder persönlich oder durch andere an Leben und Gesundheit tätlich verletzen, es geschehe, auf welche Weise es wolle.

80. Wie tun wir unserm Nächsten an seinem Leibe Leid?
Wenn wir den Nächsten mit Gebärden, Worten und Werken betrüben oder in Krankheit und Dürftigkeit verlassen oder auch die eigenen Angehörigen versäumen, drücken und in Elend und Herzeleid bringen.

Eph 4, 31. Alle Bitterkeit und Grimm und Zorn und Geschrei und Lästerung sei ferne von euch samt aller Bosheit.

1. Tim 5, 8. So jemand die Seinen, sonderlich seine Hausgenossen, nicht versorgt, der hat den Glauben verleugnet und ist ärger denn ein Heide.

Spr 23, 29. 30. Wo ist Weh? Wo ist Leid? Wo ist Zank? Wo ist Klagen? Wo sind Wunden ohne Ursach? Wo sind rote Augen? Nämlich, wo man beim Wein liegt und kommt auszusaufen, was eingeschenkt ist.

81. Was fordert Gott im fünften Gebot?
Daß wir unserm Nächsten helfen und fördern in allen Leibesnöten.

82. Wie helfen wir dem Nächsten in Leibesnöten?
Wenn wir des Nächsten Not ansehen, als ob es uns selbst beträfe, und ihm, wo es sein muß, auch mit Gefahr des eigenen Lebens zu Hilfe kommen.

Röm 12, 15. Freuet euch mit den Fröhlichen und weinet mit den Weinenden.

Jes 58, 7. Brich dem Hungrigen dein Brot und die, so im Elend sind, führe ins Haus; so du einen nackend siehst, so kleide ihn und entzieh dich nicht von deinem Fleisch.

1. Joh 3, 16. Daran haben wir erkannt die Liebe, daß er sein Leben für uns gelassen hat, und wir sollen auch das Leben für die Brüder lassen.

83. Wie fördern wir ihn in Leibesnöten?
Wenn wir mit heilsamen Ratschlägen und Erweisung alles Guten sein leibliches Wohlsein und seinen irdischen Wohlstand zu bessern suchen.

Gal 6, 9. Lasset uns Gutes tun und nicht müde werden; denn zu seiner Zeit werden wir auch ernten ohne Aufhören.

Das sechste Gebot

Wie lautet das sechste Gebot?
Du sollst nicht ehebrechen.

Was ist das?
Wir sollen Gott fürchten und lieben, daß wir keusch und züchtig leben in Worten und Werken und ein jeglicher sein Gemahl liebe und ehre.

84. Was ist die Ehe?
Die Ehe ist eine heilige Ordnung Gottes und die von Gott gestiftete und gesegnete lebenslängliche Vereinigung eines Mannes und eines Weibes zur Erhaltung des menschlichen Geschlechtes und zur Auferziehung der Kinder für das Reich Gottes.

1. Mose 1, 27. 28. Gott schuf den Menschen ihm zum Bilde, zum Bilde Gottes schuf er ihn, und schuf sie einen Mann und ein Weib. Und Gott segnete sie und sprach zu ihnen: Seid fruchtbar und mehret euch und füllet die Erde und macht sie euch untertan und herrschet über Fische im Meer und über Vögel unter dem Himmel und über alles Getier, das auf Erden kriecht.

Mt 19, 4-6. Der im Anfang den Menschen gemacht hat, der machte, daß ein Mann und Weib sein sollte, und sprach: Darum wird ein Mensch Vater und Mutter verlassen und an seinem Weibe hangen, und werden die zwei Ein Fleisch sein. So sind sie nun nicht zwei, sondern Ein Fleisch. Was nun Gott zusammengefügt hat, das soll der Mensch nicht scheiden.

85. Was verbietet Gott im sechsten Gebot?
Nicht allein den Ehebruch, da der Mann oder das Weib die eheliche Treue verletzen, sondern alles unzüchtige Wesen in der Ehe und außer der Ehe.

Mt 5, 27. 28. Ihr habt gehört, daß zu den Alten gesagt ist: Du sollst nicht ehebrechen. Ich aber sage euch: Wer ein Weib ansieht, ihrer zu begehren, der hat schon mit ihr die Ehe gebrochen in seinem Herzen.

Gal 5, 19. Offenbar sind die Werke des Fleisches, als da sind Ehebruch, Hurerei, Unreinigkeit, Unzucht.

86. Was fordert Gott im sechsten Gebot?
Daß wir keusch und züchtig leben in Worten und Werken und ein jeglicher sein Gemahl liebe und ehre.

87. Was heißt keusch und züchtig leben?
Es heißt: die Seele rein und den Leib unbefleckt behalten.

1. Thess 4, 3-5. Das ist der Wille Gottes, eure Heiligung, daß ihr meidet die Hurerei, und ein jeglicher unter euch wisse sein Gefäß (d. h. seinen Leib) zu behalten in Heiligung und Ehren, nicht in der Brunst der Lust, wie die Heiden, die von Gott nichts wissen.

1. Kor 6, 19. 20. Wisset ihr nicht, daß euer Leib ein Tempel des Heiligen Geistes ist, welchen ihr habt von Gott, und seid nicht euer selbst? Denn ihr seid teuer erkauft. Darum so preiset Gott an eurem Leibe und in eurem Geiste, welche sind Gottes.

88. Wie beweisen wir uns keusch in Worten?
Wenn wir allewege züchtige und ehrbare Reden führen und in der Furcht vor dem allgegenwärtigen Gott meiden alle bösen Geschwätze und schandbaren Lieder.

1. Kor 15, 33. Lasset euch nicht verführen; böse Geschwätze verderben gute Sitten.

Eph 5, 3. 4. Hurerei und alle Unreinigkeit oder Geiz lasset nicht von euch gesagt werden, wie den Heiligen zusteht; auch schandbare Worte und Narrenteidinge oder Scherz, welche euch nicht ziemen, sondern vielmehr Danksagung.

89. Wie beweisen wir uns keusch in Werken?
Wenn wir uns im ganzen Wandel schamhaft erzeigen, in Essen und Trinken, in Kleidung und Ergötzung uns der Mäßigkeit und Ehrbarkeit befleißigen und alle Gelegenheit zur Unzucht fliehen.

Röm 13, 13. 14. Lasset uns ehrbar wandeln als am Tage, nicht in Fressen und Saufen, nicht in Kammern und Unzucht, nicht in Hader und Neid; sondern ziehet an den Herrn Jesum Christum und wartet des Leibes, doch also, daß er nicht geil werde.

Phil 4, 8. Was wahrhaftig ist, was ehrbar, was gerecht, was keusch, was lieblich, was wohl lautet, ist etwa eine Tugend, ist etwa ein Lob, dem denket nach.

90. Was heißt sein Gemahl lieben und ehren?
Es heißt: erkennen, daß der Ehegatte von Gott zugesellt sei, denselben herzlich und allein lieben, ihm treu verbleiben und alles Liebe und Gute nach Gottes Ordnung und Christi und seiner Gemeinde Vorbild ihm erweisen.

Eph 5, 21-25. Seid untereinander untertan in der Furcht Gottes. Die Weiber seien untertan ihren Männern als dem Herrn. Denn der Mann ist des Weibes Haupt; gleichwie auch Christus das Haupt ist der Gemeinde, und er ist seines Leibes Heiland. Aber wie nun die Gemeinde ist Christo untertan, also auch die Weiber ihren Männern in allen Dingen. Ihr Männer, liebet eure Weiber, gleichwie Christus auch geliebt hat die Gemeinde, und hat sich selbst für sie gegeben.

Das siebente Gebot

Wie lautet das siebente Gebot?
Du sollst nicht stehlen.

Was ist das?
Wir sollen Gott fürchten und lieben, daß wir unsers Nächsten Geld oder Gut nicht nehmen noch mit falscher Ware oder Handel an uns bringen, sondern ihm sein Gut und Nahrung helfen bessern und behüten.

91. Was verbietet Gott im siebenten Gebot?
Den Geiz, die Sorge und alle Untreue: Daß wir unsers Nächsten Geld oder Gut nicht nehmen noch mit falscher Ware oder Handel an uns bringen.

1. Tim 6, 9. 10. Die da reich werden wollen, die fallen in Versuchung und Stricke und viel törichte und schädliche Lüste, welche versenken die Menschen ins Verderben und Verdammnis. Denn Geiz ist eine Wurzel allen Übels.

Mt 16, 26. Was hülfe es dem Menschen, so er die ganze Welt gewönne und nähme doch Schaden an seiner Seele?

Mt 6, 31. 32. Ihr sollt nicht sorgen und sagen: Was werden wir essen? was werden wir trinken? womit werden wir uns kleiden? Nach solchem allen trachten die Heiden. Denn euer himmlischer Vater weiß, daß ihr des alles bedürfet.

92. Was heißt des Nächsten Geld oder Gut nehmen?
Dem Nächsten dasjenige, was Gott ihm zu eigen gegeben hat, entweder selbst entwenden, es sei heimlich oder mit Gewalt, oder auch als Hehler und Ratgeber oder sonst auf irgend eine Weise durch andere entwenden lassen und dazu behilflich sein.

Jer 27, 5. Ich habe die Erde gemacht und Menschen und Vieh, so auf Erden sind, durch meine große Kraft und ausgestreckten Arm und gebe sie, wem ich will.

Spr 22, 2. Reiche und Arme müssen untereinander sein; der Herr hat sie alle gemacht.

93. Was heißt mit falscher Ware an sich bringen?
Untaugliche Ware für gute aufdringen, treulose Arbeit und Tagediebrei sich für voll bezahlen lassen oder auch den Tagelöhner oder Dienstboten für ihre saure Arbeit kargen Lohn und schlechte Kost und Stätte geben.

Lk 16, 10. Wer im Geringsten treu ist, der ist auch im Großen treu, und wer im Geringsten unrecht ist, der ist auch im Großen unrecht.

Jer 22, 13. Wehe dem, der sein Haus mit Sünden baut und seine Gemächer mit Unrecht, der seinen Nächsten umsonst arbeiten läßt und gibt ihm seinen Lohn nicht.

94. Was heißt mit falschem Handel an sich bringen?
Durch Betrug und List den Nächsten in Handel und Wandel übervorteilen und ihm mit falschem Gewicht, Maß und Elle, mit Überpreis und Wucher und anderen verbotenen Griffen Abbruch und Schaden tun.

1. Thess 4, 6. Daß niemand zu weit greife noch übervorteile seinen Bruder im Handel; denn der Herr ist der Rächer über das alles.

Spr 23, 4. 5. Bemühe dich nicht, reich zu werden, und laß ab von deinen Fündlein. Laß deine Augen nicht fliegen dahin, was du nicht haben kannst.

95. Was fordert der Herr im siebenten Gebot?
Die Mildigkeit und Aufrichtigkeit gegen den Nächsten: Daß wir ihm sein Gut und Nahrung helfen bessern und behüten.

Hebr 13, 16. Wohlzutun und mitzuteilen vergesset nicht; denn solche Opfer gefallen Gott wohl.

Lk 6, 35. Tut wohl und leihet, daß ihr nichts dafür hoffet: So wird euer Lohn groß sein und werdet Kinder des Allerhöchsten sein. Denn er ist gütig über die Undankbaren und Boshaftigen.

Mt 25, 40. Wahrlich, ich sage euch, was ihr getan habt einem unter diesen meinen geringsten Brüdern, das habt ihr mir getan.

96. Wie helfen wir dem Nächsten sein Gut und Nahrung bessern?
Wenn wir als treue, fleißige, sorgsame Haushalter im Eigenen des Nächsten Nutzen suchen durch Mitteilen, Leihen, Schenken, wie es jedermann not ist, und ihm geben, was wir ihm zu geben schuldig sind.

Eph 4, 28. Wer gestohlen hat, der stehle nicht mehr, sondern arbeite und schaffe mit den Händen etwas Gutes, auf daß er habe zu geben dem Dürftigen.

Spr 19, 17. Wer sich des Armen erbarmt, der leiht dem Herrn; der wird ihm wieder Gutes vergelten.

Mt 6, 3. 4. Wenn du Almosen gibst, so laß deine linke Hand nicht wissen, was die rechte tut, auf daß dein Almosen verborgen sei, und dein Vater, der in das Verborgene sieht, wird dir's vergelten öffentlich.

2. Kor 9, 7. Ein jeglicher nach seiner Willkür, nicht mit Unwillen oder aus Zwang; denn einen fröhlichen Geber hat Gott lieb.

97. Wie helfen wir dem Nächsten sein Gut und Nahrung behüten?
Wenn wir als gute Freunde und getreue Nachbarn allen Schaden und Verlust nach Möglichkeit abwenden und ihn treulich davor warnen.

Das achte Gebot

Wie lautet das achte Gebot?
Du sollst nicht falsch Zeugnis reden wider deinen Nächsten.

Was ist das?
Wir sollen Gott fürchten und lieben, daß wir unsern Nächsten nicht fälschlich belügen, verraten, afterreden oder bösen Leumund machen, sondern sollen ihn entschuldigen, Gutes von ihm reden und alles zum Besten kehren.

98. Was ist ein falsches Zeugnis?
Alles, was wider die Wahrheit geredet oder gehandelt wird.

Spr 12, 22. Falsche Mäuler sind dem Herrn ein Greuel; die aber treulich handeln, gefallen ihm wohl.

99. Was verbietet Gott im achten Gebot?
Die Lüge überhaupt; insonderheit aber, daß wir unsern Nächsten nicht fälschlich belügen, verraten, afterreden oder bösen Leumund machen.

Eph 4, 25. Leget die Lüge ab und redet die Wahrheit, ein jeglicher mit seinem Nächsten, sintemal wir untereinander Glieder sind.

Joh 8, 44. Ihr seid von dem Vater, dem Teufel, und nach eures Vaters Lust wollt ihr tun. Derselbige ist ein Mörder von Anfang und ist nicht bestanden in der Wahrheit; denn die Wahrheit ist nicht in ihm. Wenn er die Lügen redet, so redet er von seinem Eigenen; denn er ist ein Lügner und ein Vater derselben.

100. Was heißt den Nächsten fälschlich belügen?
Böses im Herzen von ihm denken und mit falschen Worten ihn hintergehen.

Ps 28, 3 Gottlose und Übeltäter reden freundlich mit ihrem Nächsten und haben Böses im Herzen.

101. Was heißt den Nächsten verraten?
Als falscher Freund ihn in die Gewalt seiner Feinde bringen oder seine Heimlichkeiten und, was unserer Verschwiegenheit anvertraut ist, leichtsinnig ausschwatzen, wohl gar aus Neid, Haß und Rachgier andern mit Schadenfreude offenbaren.

Spr 25, 9. Handle deine Sache mit deinem Nächsten und offenbare nicht eines anderen Heimlichkeit.

102. Was heißt afterreden?
Dem Nächsten hinter dem Rücken Übles nachsagen und seine Worte und Werke giftig deuten und böslich verdrehen.

Jak 4, 11. Afterredet nicht untereinander.

103. Was heißt bösen Leumund machen?
Den Nächsten verdächtigen und ihn um Ehre und guten Namen bringen.

Ps 15, 1 - 3. Herr, wer wird wohnen in deiner Hütte? Wer wird bleiben auf deinem heiligen Berge? Wer ohne Wandel (d. h. ohne Tadel) einhergeht und Recht tut und redet die Wahrheit von Herzen, wer mit seiner Zunge nicht verleumdet und seinem Nächsten kein Arges tut und seinen Nächsten nicht schmäht.

104. Was fordert Gott im achten Gebot?
Die Liebe zur Wahrheit überhaupt, insonderheit aber, daß wir unsern Nächsten sollen entschuldigen, Gutes von ihm reden und alles zum Besten kehren.

105. Wie entschuldigen wir den Nächsten?
Wenn wir seine Ehre und guten Namen retten und erweisen, daß ihm (durch falsche Beschuldigungen) Gewalt und Unrecht geschehe.

Spr 31, 8. Tu deinen Mund auf für die Stummen und für die Sache aller, die verlassen sind.

106. Wie reden wir Gutes von dem Nächsten?
Wenn wir alles Gute an ihm ohne Neid und Verkleinerung anerkennen und gern rühmen, dagegen seiner Fehler und Gebrechen in Liebe schweigen oder sie mit Nachsicht beurteilen.

1. Petr 4, 8. Vor allen Dingen habt untereinander eine brünstige Liebe; denn die Liebe deckt auch der Sünden Menge.

107. Wie kehren wir alles zum Besten?
Wenn wir nicht leicht glauben, wo etwas Böses wider den Nächsten ausgestreut wird, sondern zuvor ihn selbst oder andere darum fragen und unterdessen alles Gute von ihm denken und reden.

Gal 6, 1. So ein Mensch etwa von einem Fehl übereilt würde, so helft ihm wieder zurecht mit sanftmütigem Geist, die ihr geistlich seid. Und siehe auf dich selbst, daß du nicht auch versucht werdest.

Das neunte Gebot

Wie lautet das neunte Gebot?
Du sollst nicht begehren deines Nächsten Haus.

Was ist das?
Wir sollen Gott fürchten und lieben, daß wir unserm Nächsten nicht mit List nach seinem Erbe oder Hause stehen und mit einem Schein des Rechts an uns bringen, sondern ihm dasselbe zu behalten förderlich und dienstlich sein.

108. Was heißt hier begehren?
Eine böse Lust im Herzen haben.

109. Was bedeutet des Nächsten Haus?
Sein Haus und Hof, Amt, Stand und Gewerbe mit allen Rechten, Ehren und Würden.

110. Was verbietet Gott im neunten Gebot?
Daß wir unserm Nächsten nicht mit List nach seinem Erbe oder Hause stehen und mit einem Schein des Rechts an uns bringen.

5. Mose 19, 14. Du sollst deines Nächsten Grenze nicht zurücktreiben (d. h. versetzen), die die Vorigen gesetzt haben in deinem Erbteil.

111. Was heißt mit List nach seinem Erbe oder Hause stehen?
Wenn man den Nächsten drückt und überlistet und ihn mit ungerechten Mitteln zwingt, uns das Seine zu überlassen.

Spr 24, 15. Laure nicht als ein Gottloser auf das Haus des Gerechten, verstöre seine Ruhe nicht.

112. Was heißt des Nächsten Haus mit einem Schein des Rechts an uns bringen?
Wenn man das Recht vorwendet, das keines ist, oder auch das befugte Recht allzu scharf wider den Nächsten treibt, daß er seine Güter mit Schaden verlassen muß.

113. Was fordert Gott im neunten Gebot?
Daß wir unserm Nächsten sein Erbe und Haus zu behalten förderlich und dienstlich seien.

114. Wie geschieht das?
Wenn wir ihm sein Erbe und Haus, Stand, Ehre und Brot herzlich gönnen und mit Rat und Tat bewahren helfen.

Das zehnte Gebot

Wie lautet das zehnte Gebot?
Du sollst nicht begehren deines Nächsten Weib, Knecht, Magd, Vieh oder alles, was sein ist.

Was ist das?
Wir sollen Gott fürchten und lieben, daß wir unserm Nächsten nicht sein Weib, Gesinde oder Vieh abspannen, abdringen oder abwendig machen, sondern dieselben anhalten, daß sie bleiben und tun, was sie schuldig sind.

115. Was verbietet Gott im zehnten Gebot?
Daß wir uns nicht gelüsten lassen, unserm Nächsten sein Weib, Gesinde oder Vieh abzuspannen, abzudringen oder abwendig zu machen.

116. Was heißt abspannen?
Durch Worte, Verheißungen, Gaben und andere Mittel des Nächsten Weib, Kinder, Dienstboten oder Vieh verlocken und an sich ziehen.

117. Was heißt abdringen?
Dieselben mit Gewalt oder Unrecht entreißen und fortführen.

118. Was heißt abwendig machen?
Ihnen einen Widerwillen einflößen, daß sie in dem Ihrigen nicht bleiben mögen.

119. Was fordert Gott in diesem Gebot?
Wir sollen unseres Nächsten Weib und Gesinde anhalten, daß sie bleiben und tun, was sie schuldig sind.

120. Worauf weisen insonderheit die beiden letzten Gebote hin?
Daß unser Herz vollkommen heilig und rein sein soll, ohne alle sündliche Begierde und Neigung.

3. Mose 19, 2. Ihr sollt heilig sein, denn ich bin heilig, der Herr, euer Gott.

Jak 2, 10. So jemand das ganze Gesetz hält und sündigt an Einem, der ist's ganz schuldig.

Mt 5, 8. Selig sind, die reines Herzens sind; denn sie werden Gott schauen.

Beschluß der zehn Gebote

Was sagt nun Gott von diesen Geboten allen?
Er sagt also:
Ich, der Herr, dein Gott, bin ein eifriger Gott, der über die, so mich hassen, die Sünde der Väter heimsucht an den Kindern bis ins dritte oder vierte Glied, aber denen, so mich lieben und meine Gebote halten, tue ich wohl in tausend Glied.

Was ist das?
Gott dräuet zu strafen alle, die diese Gebote übertreten; darum sollen wir uns fürchten vor seinem Zorn und nicht wider solche Gebote tun. Er verheißet aber Gnade und alles Gute allen, die solche Gebote halten; darum sollen wir ihn auch lieben und vertrauen und gerne tun nach seinen Geboten.

121. Warum nennt sich der Herr einen eifrigen Gott?
Weil er mit großem Ernst auf seine göttliche Ehre hält und auf den Gehorsam seiner Gebote und auf den Bund der Treue, den er mit uns geschlossen hat, und es nicht leiden kann, daß wir unser Herz von ihm abwenden und der Welt und ihren Götzen anhangen.

Jes 42, 8. Ich, der Herr, das ist mein Name, will meine Ehre keinem anderen geben noch meinen Ruhm den Götzen.

5. Mose 4, 23. 24. Hütet euch, daß ihr des Bundes des Herrn, eures Gottes, nicht vergesset, den er mit euch gemacht hat; denn der Herr, dein Gott, ist ein verzehrend Feuer und ein eifriger Gott.

Hos 2, 19. 20. Ich will mich mit dir verloben in Ewigkeit; ich will mich mit dir vertrauen in Gerechtigkeit und Gericht, in Gnade und Barmherzigkeit; ja, im Glauben will ich mich mit dir verloben, und du wirst den Herrn erkennen.

1. Joh 2, 15-17. Habt nicht lieb die Welt noch was in der Welt ist. So jemand die Welt lieb hat, in dem ist

nicht die Liebe des Vaters. Denn alles, was in der Welt ist (nämlich des Fleisches Lust und der Augen Lust und hoffärtiges Leben), ist nicht vom Vater, sondern von der Welt. Und die Welt vergeht mit ihrer Lust; wer aber den Willen Gottes tut, der bleibt in Ewigkeit.

122. Wie beweist der Herr diesen Eifer?
Er hält die Übertreter seines Gesetzes als Feinde und Abtrünnige, die ihn hassen, unter dem Gericht seines Zorns; diejenigen aber, welche in seinem Bunde bestehen und ihm die gelobte Treue bewahren, hält er als seine Freunde und Angehörigen, die ihn lieben, hoch in Ehren, liebt sie und lohnt's ihnen ewiglich.

Röm 2, 6-9. Gott wird geben einem jeglichen nach seinen Werken; nämlich Preis und Ehre und unvergängliches Wesen denen, die mit Geduld in guten Werken trachten nach dem ewigen Leben; aber denen, die da zänkisch sind und der Wahrheit nicht gehorchen, gehorchen aber der Ungerechtigkeit, Ungnade und Zorn, Trübsal und Angst.

123. Wie beweist er solchen Eifer an den Kindern und Nachkommen?
Er sucht die Sünden der Väter an ihnen heim mit Strafe und Züchtigung zur Buße, lohnt aber noch viel mehr die Frömmigkeit der Väter an den Kindern und Kindeskindern bis zu den spätesten Geschlechtern.

Jes 65, 6.7. Ich will nicht schweigen, sondern bezahlen; ja, ich will sie in ihren Busen bezahlen, beide, ihre

Missetat und ihrer Väter Missetat miteinander, spricht der Herr.

Ps 103, 17. 18. Die Gnade des Herrn währet von Ewigkeit zu Ewigkeit über die, so ihn fürchten, und seine Gerechtigkeit auf Kindeskind bei denen, die seinen Bund halten und gedenken an seine Gebote, daß sie darnach tun.

Hes 18, 17. Wer meine Gebote hält und nach meinen Rechten lebt, der soll nicht sterben um seines Vaters Missetat willen, sondern leben.

Ps 37, 25. Ich bin jung gewesen und alt geworden und habe noch nie gesehen den Gerechten verlassen oder seinen Samen nach Brot gehen.

124. Was haben wir also bei jedem Gebot zu bedenken?
Sowohl Gottes richterliche Bedrohung wider die Übertreter des Gesetzes als auch seine väterliche Verheißung für die Täter desselben.

125. Was droht Gott den Übertretern?
Gott dräuet zu strafen alle, die diese Gebote übertreten.

Jer 2, 19. Es ist deiner Bosheit Schuld, daß du so gestäupt wirst, und deines Ungehorsams, daß du so gestraft wirst. Also mußt du inne werden und erfahren, was es für Jammer und Herzeleid bringt, den Herrn, deinen Gott, verlassen und ihn nicht fürchten, spricht der Herr Herr Zebaoth.

Spr 14, 34. Gerechtigkeit erhöht ein Volk, aber die Sünde ist der Leute Verderben.

5. Mose 27, 26. Verflucht sei, wer nicht alle Worte dieses Gesetzes erfüllt, daß er danach tue. Und alles Volk soll sagen: Amen.

126. Warum droht Gott so ernstlich mit Strafe?
Daß wir uns fürchten vor seinem Zorn und nicht wider solche Gebote tun.

Hebr 10, 30. 31. Die Rache ist mein; ich will vergelten, spricht der Herr. Und abermals: Der Herr wird sein Volk richten. Schrecklich ist's, in die Hände des lebendigen Gottes zu fallen.

(Dein Leben lang habe Gott vor Augen und im Herzen und hüte dich , daß du in keine Sünde willigest und tust wider Gottes Gebot. Tob 4, 6.)

127. Was verheißt Gott den Tätern des Gesetzes?
Er verheißet Gnade und alles Gute allen, die solche Gebote halten.

128. Warum verheißt Gott Gnade und alles Gute?
Daß wir den Herrn, unsern Gott, lieben, ihm vertrauen und gerne tun nach seinen Geboten.

1. Tim 4, 7. 8. Übe dich in der Gottseligkeit; denn die leibliche Übung ist wenig nütze; aber die Gottseligkeit ist zu allen Dingen nütze und hat die Verheißung dieses und des zukünftigen Lebens.

Pred 12, 13. Lasset uns die Hauptsumme aller Lehre hören: Fürchte Gott und halte seine Gebote; denn das gehört allen Menschen zu.

129. Wie mag Gott unsere unvollkommene Erfüllung des Gesetzes sich gefallen lassen und belohnen?
Um der vollkommenen Erfüllung Jesu Christi willen nimmt Gott unsere guten Werke, die im Gehorsam des Glaubens durch den Heiligen Geist geschehen, von uns an und belohnt sie reichlich in diesem und jenem Leben nach seiner gnädigen Verheißung.

Hebr 13, 21. Der Gott des Friedens mache euch fertig in allem guten Werk, zu tun seinen Willen, und schaffe in euch, was vor ihm gefällig ist, durch Jesum Christum, welchem sei Ehre von Ewigkeit zu Ewigkeit.

Amen.

Das zweite Hauptstück

Der christliche Glaube

1. Welches ist das zweite Hauptstück der christlichen Lehre?
Der Glaube.

Gal 3, 23. Ehe der Glaube kam, wurden wir unter dem Gesetz verwahrt und verschlossen auf den Glauben, der da sollte offenbart werden.

2. Worin ist der Glaube kurz zusammengefaßt?
In dem apostolischen Symbolum (d. h. Glaubensbekenntnis), dem allgemeinen Bekenntnis der ganzen christlichen Kirche von den Aposteln her.

3. Was ist der Glaube?
Ein kurzer Unterricht von Gott und seinen Werken und Wohltaten, so viel einem jeden Menschen zu seiner Seligkeit zu wissen nötig ist, aus dem Evangelium genommen und in drei Hauptartikel zusammengefaßt.

4. Was ist das Evangelium?
Es ist das zweite Stück des göttlichen Wortes und eine solche gute, fröhliche Botschaft von Jesu Christo, dem Heiland aller Menschen, daß Gott allen, die an ihn glauben, aus Gnaden die Sünde vergeben und ih-

nen allein um seinetwillen das ewige Leben schenken wolle.

Joh 3, 16. Also hat Gott die Welt geliebt, daß er seinen eingebornen Sohn gab, auf daß alle, die an ihn glauben, nicht verloren werden, sondern das ewige Leben haben.

1. Tim 1, 15. Das ist ja gewißlich wahr und ein teuer wertes Wort, daß Christus Jesus kommen ist in die Welt, die Sünder selig zu machen.

Röm 1, 16. Das Evangelium von Christo ist eine Kraft Gottes, die da selig macht alle, die daran glauben.

5. Wie wird dieser Glaube dein eigener Glaube?
Wenn ich ihn mit Fleiß erlerne und als die gewisse göttliche Wahrheit annehme und bekenne, auch mit aller Zuversicht des Herzens denselben als den einzigen Grund meines Heils ergreife, darauf zu leben und zu sterben.

6. Denn was heißt glauben?
Eine gewisse Zuversicht haben des, das man hofft, und nicht zweifeln an dem, das man nicht sieht.

Hebr 11, 1. Es ist aber der Glaube eine gewisse Zuversicht des, das man hofft, und ein Nichtzweifeln an dem, das man nicht sieht.

2. Kor 5, 7. Wir wandeln im Glauben und nicht im Schauen.

7. An wen glaubst du?
Allein an den wahren, lebendigen Gott.

8. Was ist Gott nach seinem Wesen?
Gott ist Geist und ein einiger Gott und Herr, unerschaffen, ewig, heilig, von unendlicher Macht, Weisheit und Güte.

Joh 4, 24. Gott ist Geist, und die ihn anbeten, die müssen ihn im Geist und in der Wahrheit anbeten.

1. Joh 4, 16. Gott ist Liebe, und wer in der Liebe bleibt, der bleibt in Gott.

5. Mose 6, 4. Höre, Israel, der Herr, unser Gott, ist ein einiger Herr.

1. Tim 6, 15. 16. Der Selige und allein Gewaltige, der König aller Könige und Herr aller Herren, der allein Unsterblichkeit hat, der da wohnt in einem Licht, da niemand zukommen kann, welchen kein Mensch gesehen hat noch sehen kann, dem sei Ehre und ewiges Reich!
Amen.

Jes 6, 3. Heilig, heilig, heilig ist der Herr Zebaoth, alle Lande sind seiner Ehre voll.

9. Wieviel Personen sind in Gott?
Es sind drei Personen in demselben einigen göttlichen Wesen, gleich gewaltig, gleich ewig, Gott Vater, Gott Sohn, Gott Heiliger Geist, alle drei Ein göttliches Wesen.

Mt 28, 19. Gehet hin und lehret alle Völker und taufet sie im Namen des Vaters und des Sohnes und des Heiligen Geistes.

2. Kor 13, 13. Die Gnade unsers Herrn Jesu Christi und die Liebe Gottes und die Gemeinschaft des Heiligen Geistes sei mit euch allen! Amen.

10. Wie bekennst du also deinen Glauben aufs kürzeste?
Ich glaube an den dreieinigen Gott – an Gott den Vater, der mich geschaffen hat, an Gott den Sohn, der mich erlöst hat, an Gott den Heiligen Geist, der mich geheiligt hat –, meinen einigen Gott und Herrn.

Der erste Artikel

Von der Schöpfung

Wie lautet der erste Artikel?
Ich glaube an Gott den Vater, den Allmächtigen, Schöpfer Himmels und der Erde.

Was ist das?
Ich glaube, daß mich Gott geschaffen hat samt allen Kreaturen, mir Leib und Seele, Augen, Ohren und alle Glieder, Vernunft und alle Sinne gegeben hat und noch erhält; dazu Kleider und Schuh, Essen und Trinken, Haus und Hof, Weib und Kind, Acker, Vieh und alle Güter; mit aller Notdurft und Nahrung dieses Leibes und Lebens reichlich und täglich versorget, wider alle Fährlichkeit beschirmet und vor allem Übel be-

hütet und bewahret; und das alles aus lauter väterlicher, göttlicher Güte und Barmherzigkeit, ohn all mein Verdienst und Würdigkeit; des alles ich ihm zu danken und zu loben, dafür zu dienen und gehorsam zu sein schuldig bin.
Das ist gewißlich wahr.

11. Warum sprichst du: Ich glaube?
Weil ich selbst für mich und meine Person, sowohl als ein jeder Christ für sich, nicht fremden, sondern eigenen Glauben zur Seligkeit haben muß.

2. Kor 13, 5. Versuchet euch selbst, ob ihr im Glauben seid, prüfet euch selbst.

12. Warum sprichst du: Ich glaube an Gott?
Weil ich auf Gott, das höchste Gut, all mein Vertrauen, Trost, Hoffnung und Zuversicht setze und deswegen schon selig bin in der Hoffnung.

Ps 73, 25. 26. Herr, wenn ich nur dich habe, so frage ich nichts nach Himmel und Erde. Wenn mir gleich Leib und Seele verschmachtet, so bist du doch, Gott, allezeit meines Herzens Trost und mein Teil.

13. Warum tust du das?
Weil Gott ein Vater ist und allmächtig und ein Schöpfer Himmels und der Erde.

14. Wer ist insonderheit Gott der Vater?
Der Vater ist die erste Person des göttlichen Wesens, die allein Ewigkeit war und seinen Sohn von Ewigkeit

her gezeugt und durch das Werk der Schöpfung sich sonderlich offenbart hat.

Joh 5, 26. Wie der Vater das Leben hat in ihm selber, also hat er dem Sohn gegeben, das Leben zu haben in ihm selber.

15. Warum heißt Gott der Allmächtige?
Weil er der allgewaltige Herr Himmels und der Erde ist.

1. Chr 29, 11. 12. Alles, was im Himmel und auf Erden ist, das ist dein. Dein ist das Reich, und du herrschest über alles. In deiner Hand steht Kraft und Macht; in deiner Hand steht es, jedermann groß und stark zu machen.

16. Warum heißt er Schöpfer Himmels und der Erde?
Weil er durch sein allmächtig Wort die Welt aus nichts hervorgebracht hat zu Ehren seines Namens.

1. Mose 1, 1. Am Anfang schuf Gott Himmel und Erde.

Hebr 11, 3. Durch den Glauben merken wir, daß die Welt durch Gottes Wort fertig ist, daß alles, was man sieht, aus nichts geworden ist.

Röm 4, 17. Gott ruft dem, das nicht ist, daß es sei.

Offb 4, 11. Herr, du bist würdig zu nehmen Preis und Ehre und Kraft; denn du hast alle Dinge geschaffen und durch deinen Willen haben sie das Wesen und sind geschaffen.

17. Was verstehst du unter Himmel und Erde?
Die ganze Welt mit allen sichtbaren und unsichtbaren Geschöpfen.

Neh 9, 6. Herr, du bist's allein, du hast gemacht den Himmel und aller Himmel Himmel mit allem ihrem Heer, die Erde und alles was drauf ist, die Meere und alles was drinnen ist; du machst alles lebendig, und das himmlische Heer betet dich an.

18. Welches sind die unsichtbaren Geschöpfe?
Die Engel.

Kol 1, 16. Durch ihn ist alles geschaffen, das im Himmel und auf Erden ist, das Sichtbare und Unsichtbare, beide, die Throne und Herrschaften und Fürstentümer und Obrigkeiten; es ist alles durch ihn und zu ihm geschaffen.

19. Welche Arten von Engeln gibt es?
Zweierlei, die guten Engel und die bösen.

20. Welches sind die guten Engel?
Die reinen himmlischen Geister, welche in anerschaffener Heiligkeit und Herrlichkeit Gott schauen und loben und ihm in seinem Reich und an seinen Kindern dienen.

Mt 18, 10. Die Engel im Himmel sehen allezeit das Angesicht meines Vaters im Himmel.

Jes 6, 3. Einer rief zum anderen und sprach: Heilig, heilig, heilig ist der Herr Zebaoth, alle Lande sind seiner Ehre voll!

Hebr 1, 14. Sind die Engel nicht allzumal dienstbare Geister, ausgesandt zum Dienst um deretwillen, die ererben sollen die Seligkeit?

Lk 15, 10. Es wird Freude sein vor den Engeln Gottes über Einen Sünder, der Buße tut.

21. Welches sind die bösen Engel?
Der Teufel und seine Engel, welche als abgefallene Geister durch Ungehorsam gegen Gott ihre anerschaffene Heiligkeit und Herrlichkeit auf immer verloren haben und, verstoßen von dem Angesicht Gottes, ihn lästern und seinem Reiche widerstreben.

Judä, V.6. Auch die Engel, die ihr Fürstentum nicht behielten, sondern verließen ihre Behausung, hat der Herr behalten zum Gericht des großen Tages mit ewigen Banden in Finsternis.

Joh 8, 44. Ihr seid von dem Vater, dem Teufel, und nach eures Vaters Lust wollt ihr tun. Derselbe ist ein Mörder von Anfang und ist nicht bestanden in der Wahrheit; denn die Wahrheit ist nicht in ihm. Wenn er die Lügen redet, so redet er von seinem Eigenen; denn er ist ein Lügner und ein Vater derselben.

22. Welches ist unter den sichtbaren Geschöpfen das vornehmste?
Der Mensch.

23. Wie hat Gott den Menschen geschaffen?
Mit einem Leib von der Erde und einer vernünftigen Seele.

1. Mose 2, 7. Gott der Herr machte den Menschen aus einem Erdenkloß, und er blies ihm ein den lebendigen Odem in seine Nase. Und also ward der Mensch eine lebendige Sache.

24. Was hat Gott dem Leibe und der Seele gegeben?
Dem Leibe Augen, Ohren und alle Glieder, der Seele Vernunft und alle Sinne.

25. Welches waren die ersten Menschen?
Adam, der Stammvater des ganzen menschlichen Geschlechts, und Eva, die Mutter der Lebendigen.

Apg 17, 26. Gott hat gemacht, daß von Einem Blut aller Menschen Geschlechter auf dem ganzen Erdboden wohnen, und hat Ziel gesetzt und zuvor ersehen, wie lang und wie weit sie wohnen sollen.

26. Welches war die Ehre und Herrlichkeit der ersten Menschen?
Daß sie nach dem Bilde Gottes geschaffen waren.

1. Mose 1, 26. 27. Gott sprach: Lasset uns Menschen machen, ein Bild, das uns gleich ist, die da herrschen über die Fische im Meer und über die Vögel unter dem Himmel und über das Vieh und über die ganze Erde und über alles Gewürm, das auf Erden kriecht. Und Gott schuf den Menschen ihm zum Bilde, zum Bilde Gottes schuf er ihn.

27. Worin bestand das Ebenbild Gottes?
In der anerschaffenen Güte, Wahrheit, Heiligkeit und Gerechtigkeit; dazu in vollkommner Gesundheit Leibes und der Seele, Freiheit vom Tode und Herrschaft über die Erde.

1. Mose 1, 31. Und Gott sah an alles, was er gemacht hatte, und siehe da, es war sehr gut.

Kol 3, 10. Ziehet den alten Menschen mit seinen Werken aus und ziehet den neuen Menschen an, der da erneuert wird zu der Erkenntnis nach dem Ebenbilde des, der ihn geschaffen hat.

Eph 4, 23. 24. Erneuert euch im Geist eures Gemüts und ziehet den neuen Menschen an, der nach Gott geschaffen ist in rechtschaffener Gerechtigkeit und Heiligkeit.

28. Wie ist's aber mit solcher Ehre und Heiligkeit geworden?
Sie ist durch den Sündenfall verloren gegangen.

29. Was ist der Sündenfall?
Der Ungehorsam unserer ersten Eltern, welcher Sünde und Tod über das menschliche Geschlecht und alles Elend in die Welt gebracht hat.

1. Mose 2, 17. Von dem Baum der Erkenntnis des Guten und Bösen sollst du nicht essen; denn welches Tages du davon issest, wirst du des Todes sterben.

Röm 5, 12. Durch Einen Menschen ist die Sünde gekommen in die Welt und der Tod durch die Sünde, und ist also der Tod zu allen Menschen durchgedrungen, dieweil sie alle gesündigt haben.

1. Mose 3, 17. Verflucht sei der Acker um deinetwillen; mit Kummer sollst du dich darauf nähren dein Leben lang.

30. Warum hat Gott das gefallene Geschlecht nicht im Zorn verstoßen?
Weil er nach dem Reichtum seiner Gnade beschlossen hat, die sündige Menschheit durch seinen Sohn zu erlösen.

1. Petr 1, 20. Christus ist zuvor ersehen, ehe der Welt Grund gelegt ward, aber offenbart zu den letzten Zeiten.

31. Worin hat Gott solchen gnädigen Rat und Willen erzeigt?
In der Erhaltung und Regierung der Welt, die von Anfang bis zu Ende dahin geht, daß die Menschen möchten zu Christo geführt und durch den Glauben an ihn von der Sünde erlöst werden.

32. Wie erhält und regiert Gott alles Erschaffene?
Er trägt alle Dinge und versorgt alle Geschöpfe, ordnet und lenkt den Weltlauf, tut Zeichen und Wunder und waltet als König mit Gerechtigkeit und Gericht wider die Gottlosen, mit großer Geduld, Barmherzigkeit und Treue gegen die Frommen.

Hebr 1, 3. Er trägt alle Dinge mit seinem kräftigen Wort.

1. Mose 8, 22. Solange die Erde steht, soll nicht aufhören Saat und Ernte, Frost und Hitze, Sommer und Winter, Tag und Nacht.

Am 3, 6. Ist auch ein Unglück in der Stadt, das der Herr nicht tue?

Ps 33, 13-15. Der Herr schaut vom Himmel und sieht aller Menschen Kinder. Von seinem festen Thron sieht er auf alle, die auf Erden wohnen. Er lenkt ihnen allen das Herz; er merkt auf alle ihre Werke.

Ps 77, 14. 15. Gott, dein Weg ist heilig. Wo ist solch ein mächtiger Gott, wie du, Gott, bist? Du bist der Gott, der Wunder tut; du hast deine Macht bewiesen unter den Völkern.

Röm 1, 18. Gottes Zorn vom Himmel wird offenbart über alles gottlose Wesen und Ungerechtigkeit der Menschen, die die Wahrheit in Ungerechtigkeit aufhalten.

Ps 103, 8. 10. 13. Barmherzig und gnädig ist der Herr, geduldig und von großer Güte. Er handelt nicht mit uns nach unsern Sünden und vergilt uns nicht nach unserer Missetat. Wie sich ein Vater über Kinder erbarmt, so erbarmt sich der Herr über die, so ihn fürchten.

33. Darfst auch du dir solches zueignen?
Ja, gewiß! denn der allmächtige Schöpfer Himmels und der Erde ist auch mein Gott, Vater und Schöpfer.

34. So glaubst du, daß Gott auch dich geschaffen hat?
Ja, ich glaube, daß mich Gott geschaffen hat samt allen Kreaturen, mir Leib und Seele, Augen, Ohren und alle Glieder, Vernunft und alle Sinne gegeben hat.

35. Hat dich denn Gott bloß geschaffen und tut weiter nichts an dir?
Das sei ferne! Ich glaube, daß Gott mir Leib und Seele und alles gegeben hat und noch erhält; dazu Kleider und Schuh, Essen und Trinken, Haus und Hof, Weib und Kind, Acker, Vieh und alle Güter; mit aller Notdurft und Nahrung dieses Leibes und Lebens mich reichlich und täglich versorget.

Ps 139, 16. Herr, deine Augen sahen mich, da ich noch unbereitet war, und waren alle Tage auf dein Buch geschrieben, die noch werden sollten, und derselben keiner da war.

Hiob 10, 12. Leben und Wohltat hast du an mir getan, und dein Aufsehen bewahrt meinen Odem.

Apg 14, 17. Gott hat sich selbst nicht unbezeugt gelassen, hat uns viel Gutes getan und vom Himmel Regen und fruchtbare Zeiten gegeben, unsere Herzen erfüllt mit Speise und Freude.

36. Ist's ihm denn genug, daß er dir so reichlich alles Gute erzeigt?
Nein, ich glaube, daß er mich auch wider alle Fährlichkeit beschirmet und vor allem Übel behütet und bewahret.

Ps 17, 5. 8. Erhalte meinen Gang auf deinen Fußsteigen, daß meine Tritte nicht gleiten. Behüte mich wie einen Augapfel im Auge; beschirme mich unter dem Schatten deiner Flügel.

Ps 121, 4. 5. 8. Der Herr behütet dich; der Herr ist dein Schatten über deiner rechten Hand. Der Herr behüte deinen Ausgang und Eingang von nun an bis in Ewigkeit.

37. Wessen getröstest du dich also in allem, was dir begegnet?
Der väterlichen Vorsehung und Fürsorge meines Gottes.

1. Petr 5, 7. Alle eure Sorge werfet auf Gott; denn er sorgt für euch.

Röm 8, 28. Wir wissen, daß denen, die Gott lieben, alle Dinge zum Besten dienen.

38. Warum tut Gott so viel Gutes an dir?
Aus lauter väterlicher, göttlicher Güte und Barmherzigkeit ohn all mein Verdienst und Würdigkeit.

1. Mose 32, 10. Herr, ich bin zu gering aller Barmherzigkeit und aller Treue, die du an deinem Knecht getan hast.

39. Was bist du ihm dafür schuldig?
Des alles ich ihm zu danken und zu loben, dafür zu dienen und gehorsam zu sein schuldig bin.

40. Wie hast du ihm zu danken und zu dienen?
Von Herzen, mit dem Munde und durch die Werke, daß ich seine Gaben und Wohltaten erkenne und preise, dieselben nicht zu Hoffart, Geiz und Wohlleben mißbrauche, sondern Leib und Seele, Augen, Ohren und alle Glieder, Vernunft und alle Sinne unter den Gehorsam seiner Gebote stelle.

(Nun danket alle Gott, der große Dinge tut an allen Enden, der uns von Mutterleib an lebendig erhält und tut uns alles Gute. Sir 50, 24.)

Röm 12, 1. Ich ermahne euch, liebe Brüder, durch die Barmherzigkeit Gottes, daß ihr eure Leiber begebet zum Opfer, das da lebendig, heilig und Gott wohlgefällig sei, welches sei euer vernünftiger Gottesdienst.

41. Wie beschließt du diesen Artikel?
Mit den Worten: Das ist gewißlich wahr.

42. Was bezeugst du damit?
Daß ich alles, was ich hier von der Schöpfung, Erhaltung und Regierung Gottes bekannt habe, mit starkem, herzlichem Eifer für die gewisse göttliche Wahr-

heit halte und bis an meinen Tod unverrückt und unzweifelhaft dabei verbleiben will.

Ps 73, 28. Das ist meine Freude, daß ich mich zu Gott halte und meine Zuversicht setze auf den Herrn Herrn.

Der zweite Artikel

Von der Erlösung

Wie lautet der zweite Artikel?
Ich glaube an Jesum Christum, Gottes eingeborenen Sohn, unsern Herrn, der empfangen ist vom Heiligen Geist, geboren von der Jungfrau Maria, gelitten unter Pontio Pilato, gekreuzigt, gestorben und begraben, niedergefahren zur Hölle, am dritten Tage auferstanden von den Toten, aufgefahren gen Himmel, sitzend zur Rechten Gottes, des allmächtigen Vaters, von dannen er kommen wird, zu richten die Lebendigen und die Toten.

Was ist das?
Ich glaube, daß Jesus Christus wahrhaftiger Gott vom Vater in Ewigkeit geboren und auch wahrhaftiger Mensch von der Jungfrau Maria geboren, sei mein Herr, der mich verlornen und verdammten Menschen erlöset hat, erworben, gewonnen von allen Sünden, vom Tode und von der Gewalt des Teufels; nicht mit Gold oder Silber, sondern mit seinem heiligen, teuren Blut und mit seinem unschuldigen Leiden und Ster-

ben; auf daß ich sein eigen sei und in seinem Reich unter ihm lebe und ihm diene in ewiger Gerechtigkeit, Unschuld und Seligkeit; gleichwie er ist auferstanden vom Tode, lebet und regieret in Ewigkeit. Das ist gewißlich wahr.

43. Wovon handelt der zweite Artikel?
Von der Erlösung.

44. Wer ist dein Erlöser?
Jesus Christus.

45. Was heißt Jesus?
Es heißt Heiland und Seligmacher.

Mt 1, 21. Maria wird einen Sohn gebären, des Namen sollst du Jesus heißen; denn er wird sein Volk selig machen von ihren Sünden.

Apg 4, 12. Es ist in keinem andern Heil, ist auch kein anderer Name den Menschen gegeben, darin wir sollen selig werden.

46. Was bedeutet Christus?
Es bedeutet, den verheißenen Messias, welchen Gott zu unserm Propheten, Hohenpriester und König mit dem Heiligen Geist und Kraft gesalbt hat.

Jes 11, 1. 2. Es wird eine Rute aufgehen von dem Stamm Isai und ein Zweig aus seiner Wurzel Frucht bringen, auf welchem wird ruhen der Geist des Herrn, der Geist der Weisheit und des Verstandes, der Geist des Rates und der Stärke, der Geist der Erkenntnis und der Furcht des Herrn.

5. Mose 18, 18. Ich will ihnen einen Propheten, wie du bist, erwecken aus ihren Brüdern und meine Worte in seinen Mund geben; der soll zu ihnen reden alles, was ich ihm gebieten werde.

Ps 110, 1. 4. Der Herr sprach zu meinem Herrn: Setze dich zu meiner Rechten, bis ich deine Feinde zum Schemel deiner Füße lege. Der Herr hat geschworen, und es wird ihn nicht gereuen: Du bist ein Priester ewiglich nach der Weise Melchisedeks.

Jes 9, 6. 7. Uns ist ein Kind geboren, ein Sohn ist uns gegeben, welches Herrschaft ist auf seiner Schulter; und er heißt Wunderbar, Rat, Kraft, Held, Ewig-Vater, Friede-Fürst, auf daß seine Herrschaft groß werde und des Friedens kein Ende auf dem Stuhl Davids und seinem Königreich, daß er's zurichte und stärke mit Gericht und Gerechtigkeit von nun an bis in Ewigkeit.

47. Wie lautet dein Bekenntnis von der Person des Erlösers?
Ich glaube an Jesum Christum, Gottes eingebornen Sohn, unsern Herrn, der empfangen ist vom Heiligen Geist, geboren von der Jungfrau Maria.

48. Was bekennst du damit?
Ich glaube, daß Jesus Christus sei wahrhaftiger Gott, vom Vater in Ewigkeit geboren, und auch wahrhaftiger Mensch, von der Jungfrau Maria geboren.

49. Womit bekennst du ihn als wahrhaftigen Gott?
Damit, daß ich ihn Gottes eingebornen Sohn nenne.

50. Wer ist der eingeborne Sohn Gottes?
Er ist die zweite Person des göttlichen Wesens, vom Vater in Ewigkeit geboren und in der Fülle der Zeit zu unserer Erlösung Mensch geworden.

Joh 1, 1. 14. Im Anfang war das Wort, und das Wort war bei Gott, und Gott war das Wort. Und das Wort ward Fleisch und wohnte unter uns, und wir sahen seine Herrlichkeit, eine Herrlichkeit als des eingebornen Sohnes vom Vater, voller Gnade und Wahrheit.

51. Womit bekennst du ihn als wahrhaftigen Menschen?
Damit, daß ich spreche: Empfangen vom Heiligen Geist, geboren von der Jungfrau Maria.

Lk 1, 35. Der Heilige Geist wird über dich kommen, und die Kraft des Höchsten wird dich überschatten. Darum wird auch das Heilige, das von dir geboren wird, Gottes Sohn genannt werden.

52. Wieviele Naturen sind also in Christo?
Zwei, die göttliche und die menschliche Natur, in der Einen Person Jesu Christi, des Gottesmenschen, ungetrennt und unvermischt in Ewigkeit verbunden.

Kol 2, 9. In ihm wohnt die ganze Fülle der Gottheit leibhaftig.

Röm 9, 5. Christus kommt her aus den Vätern nach dem Fleisch, der da ist Gott über alles, gelobt in Ewigkeit.

53. Wie hat der Sohn Gottes die menschliche Natur an sich genommen?
In der Gestalt des sündlichen Fleisches, doch ohne alle und jede eigene Sünde, sei es erbliche oder wirkliche (d.h. Erbsünde oder Tatsünde).

Röm 8, 3. Gott sandte seinen Sohn in der Gestalt des sündlichen Fleisches.

Hebr 4, 15. Wir haben nicht einen Hohenpriester, der nicht könnte Mitleiden haben mit unserer Schwachheit, sondern der versucht ist allenthalben gleich wie wir, doch ohne Sünde.

Joh 8, 46. Wer unter euch kann mich Einer Sünde zeihen?

54. In welchem Stande hat er auf Erden gelebt?
In dem Stande der allertiefsten Erniedrigung, doch also, daß er durch Zeichen und Wunder seine göttliche Herrlichkeit offenbar werden ließ und in seinem Gehorsam bis zum Tode am Kreuz ein Vorbild göttlicher Heiligkeit darstellt.

Phil 2, 5 - 8. Ein jeglicher sei gesinnt, wie Jesus Christus auch war, welcher, ob er wohl in göttlicher Gestalt war, hielt er's nicht für einen Raub, Gott gleich sein, sondern entäußerte sich selbst und nahm

Knechtsgestalt an, ward gleich wie ein anderer Mensch und an Gebärden als ein Mensch erfunden; er erniedrigte sich selbst und ward gehorsam bis zum Tode, ja zum Tode am Kreuz.

Mt 11, 2-6. Da Johannes im Gefängnis die Werke Christi hörte, sandte er seiner Jünger zwei und ließ ihm sagen: Bist du, der da kommen soll, oder sollen wir eines andern warten? Jesus antwortete und sprach zu ihnen: Gehet hin und saget Johannes wieder, was ihr sehet und höret: die Blinden sehen, die Lahmen gehen, die Aussätzigen werden rein und die Tauben hören, die Toten stehen auf, und den Armen wird das Evangelium gepredigt; und selig ist, der sich nicht an mir ärgert.

1. Petr 2, 21. Christus hat uns ein Vorbild gelassen, daß wir sollen nachfolgen seinen Fußstapfen.

55. Wie lauten die Worte von seinem Leben auf Erden in der Niedrigkeit?
Geboren von der Jungfrau Maria, gelitten unter Pontio Pilato, gekreuzigt, gestorben und begraben.

56. Warum sprechen wir: Geboren von der Jungfrau Maria?
Seine wahre Menschheit und die Erfüllung der Weissagungen damit zu bekennen.

Hebr 2, 14. Nachdem nun die Kinder Fleisch und Blut haben, ist er dessen gleichermaßen teilhaftig geworden, auf daß er durch den Tod die Macht nähme dem, der des Todes Gewalt hatte, das ist dem Teufel.

1. Mose 3, 15. Ich will Feindschaft setzen zwischen dir und dem Weibe und zwischen deinem Samen und ihrem Samen. Derselbe soll dir den Kopf zertreten, und du wirst ihn in die Ferse stechen.

1. Mose 22, 18. Durch deinen Samen sollen alle Völker auf Erden gesegnet werden.

Gal 4, 4. 5. Da die Zeit erfüllet ward, sandte Gott seinen Sohn, geboren von einem Weibe und unter das Gesetz getan, auf daß er die, so unter dem Gesetz waren, erlöste, daß wir die Kindschaft empfingen.

Mi 5, 1. Du Bethlehem Ephratha, die du klein bist unter den Tausenden in Juda, aus dir soll mir der kommen, der in Israel Herr sei, welches Ausgang von Anfang und von Ewigkeit her gewesen ist.

57. Warum folgt alsbald sein Leiden unter Pontio Pilato?
Weil alles Leiden seines ganzen Lebens nur Anfang und Vorbereitung ist auf das letzte und allergrößte Leiden, welches er innerlich an seiner heiligen Seele und äußerlich an seinem unschuldigen Leibe erdulden mußte, als er von den Obersten seines Volkes verworfen und in die Hände der Heiden überantwortet wurde.

Jes 53, 3. Er war der Allerverachtetste und Unwerteste, voller Schmerzen und Krankheit. Er war so verachtet, daß man das Angesicht vor ihm verbarg; darum haben wir ihn nichts geachtet.

Hebr 5, 7. 8. Er hat in den Tagen seines Fleisches Gebet und Flehen mit starkem Geschrei und Tränen geopfert zu dem, der ihm von dem Tode konnte aushelfen, und ist auch erhört, darum daß er Gott in Ehren hatte. Und wiewohl er Gottes Sohn war, hat er doch an dem, das er litt, Gehorsam gelernt.

58. Warum wird darnach der Kreuzigung besonders gedacht?
Weil er am Kreuz unter der allergrößten Qual und Schmach den Fluch des Gesetzes getragen hat.

Hebr 12, 2. Lasset uns aufsehen auf Jesum, den Anfänger und Vollender des Glaubens, welcher, da er wohl hätte mögen Freude haben, erduldete er das Kreuz und achtete der Schande nicht.

Gal 3, 13. Christus hat uns erlöst von dem Fluch des Gesetzes, da er ward ein Fluch für uns; denn es steht geschrieben: Verflucht ist jedermann, der am Holze hängt.

59. Warum heißt es weiter: Gestorben und begraben?
Uns zu lehren, daß der Sohn Gottes eines wirklichen Todes gestorben sei, da seine Seele sich vom Leibe trennte, der Leib aber ins Grab gelegt wurde, obwohl der Heilige Gottes die Verwesung nicht sehen sollte.

1. Kor 15, 3. 4. Ich habe euch zuvörderst gegeben, welches ich auch empfangen habe: daß Christus gestorben sei für unsere Sünden nach der Schrift, und

daß er begraben sei, und daß er auferstanden sei am dritten Tag nach der Schrift.

Ps 16, 10. Du wirst meine Seele nicht in der Hölle lassen und nicht zugeben, daß dein Heiliger verwese.

60. Wie lautet das Bekenntnis weiter?
Niedergefahren zur Hölle, am dritten Tage auferstanden von den Toten, aufgefahren gen Himmel, sitzend zur Rechten Gottes, des allmächtigen Vaters, von dannen er kommen wird, zu richten die Lebendigen und die Toten.

61. Was bekennst du, indem du sprichst: Niedergefahren zur Hölle?
Daß Christus aus dem Stande seiner allertiefsten Erniedrigung als ein mächtiger Sieger über Hölle, Tod und Teufel hervorgegangen und in den herrlichen und seligen Stand der Erhöhung eingetreten ist.

1. Petr 3, 18. 19. Er ist getötet nach dem Fleisch, aber lebendig gemacht nach dem Geist. In demselben ist er auch hingegangen und hat gepredigt den Geistern im Gefängnis.

Phil 2, 9-11. Darum hat ihn auch Gott erhöht und hat ihm einen Namen gegeben, der über alle Namen ist, daß in dem Namen Jesu sich beugen sollen aller derer Knie, die im Himmel und auf Erden und unter der Erde sind, und alle Zungen bekennen sollen, daß Jesus Christus der Herr sei, zur Ehre Gottes des Vaters.

62. Wie ist Christus wieder auferstanden von den Toten?
Er ist in der Kraft Gottes am dritten Tage mit einem verklärten Leibe lebendig aus dem Grabe hervorgegangen und damit kräftig erwiesen als der Sohn Gottes und der Welt Heiland.

Joh 10, 18. Niemand nimmt mein Leben von mir, sondern ich lasse es von mir selber. Ich habe es Macht zu lassen und habe es Macht wieder zu nehmen.

Apg 2, 24. Gott hat Jesum auferweckt und aufgelöst die Schmerzen des Todes, nachdem es unmöglich war, daß er sollte von ihm gehalten werden.

Röm 1, 3. 4. Er ist geboren von dem Samen Davids nach dem Fleisch und kräftig erwiesen als ein Sohn Gottes nach dem Geist, der da heiligt, seit der Zeit, da er auferstanden ist von den Toten.

Offb 1, 18. Ich war tot, und siehe, ich bin lebendig von Ewigkeit zu Ewigkeit, und habe die Schlüssel der Hölle und des Todes.

63. Wie ist er aufgefahren gen Himmel?
Er ist am vierzigsten Tag nach seiner Auferstehung zu seiner Herrlichkeit eingegangen und hat sich gesetzt zur Rechten Gottes, des allmächtigen Vaters.

Joh 17, 4. 5. Ich habe dich verklärt auf Erden und vollendet das Werk, das du mir gegeben hast, daß ich es tun sollte. Und nun verkläre mich, du, Vater, mit der Klarheit, die ich bei dir hatte, ehe die Welt war.

64. Was ist die rechte Hand Gottes?

Nichts anderes als die ewige und unendliche Kraft, Majestät und Herrlichkeit des Höchsten, dadurch er alles wirkt, schafft, regiert und erfüllt.

Mt 26, 64. Von nun an wird's geschehen, daß ihr sehen werdet des Menschen Sohn sitzen zur Rechten der Kraft und kommen in den Wolken des Himmels.

65. Was bekennen wir mit dem Sitzen Christi zur rechten Hand Gottes?

Daß er durch die allmächtige Kraft Gottes allgegenwärtig über alle Kreaturen herrscht und als Haupt der Gemeinde mit dem Vater und dem Heiligen Geist seine Kirche regiert.

Mt 28, 18-20. Mir ist gegeben alle Gewalt im Himmel und auf Erden. Darum gehet hin und lehret alle Völker und taufet sie im Namen des Vaters und des Sohnes und des Heiligen Geistes und lehret sie halten alles, was ich euch befohlen habe. Und siehe, ich bin bei euch alle Tage bis an der Welt Ende.

Eph 1, 20-23. Gott hat Christum von den Toten auferweckt und hat ihn gesetzt zu seiner Rechten im Himmel über alle Fürstentümer, Gewalt, Macht, Herrschaft und alles, was genannt mag werden, nicht allein in dieser Welt, sondern auch in der zukünftigen, und hat alle Dinge unter seine Füße getan und hat ihn gesetzt zum Haupt der Gemeinde über alles, welche da ist sein Leib, nämlich die Fülle des, der alles in allen erfüllt.

66. Was wird am Ende dieser Welt geschehen?
Er wird wiederkommen, zu richten die Lebendigen und die Toten.

Apg 1, 11. Ihr Männer von Galiläa, was stehet ihr und sehet gen Himmel? Dieser Jesus, welcher von euch ist aufgenommen gen Himmel, wird kommen, wie ihr ihn gesehen habt gen Himmel fahren.

67. Wie bekennst du dich nun nach dem allen zu Jesu Christo, dem Sohne Gottes?
Ich glaube und bekenne mit der ganzen Christenheit auf Erden, daß Jesus Christus, wahrhaftiger Gott, vom Vater in Ewigkeit geboren, und auch wahrhaftiger Mensch, von der Jungfrau Maria geboren, sei mein Herr.

Röm 14, 9. Dazu ist Christus gestorben und auferstanden und wieder lebendig worden, daß er über Tote und Lebendige Herr sei.

68. Warum heißt Jesus Christus überhaupt der Herr?
Sowohl nach seiner göttlichen als auch nach seiner menschlichen Natur, weil er nicht nur von Ewigkeit her mit dem Vater und dem Heiligen Geist der Herr ist, sondern auch in der Fülle der Zeit durch sein Mittleramt unser Herr und Herrscher geworden ist.

Apg 2, 36. So wisse nun das ganze Haus Israel gewiß, daß Gott diesen Jesum, den ihr gekreuzigt habt, zu einem Herrn und Christus gemacht hat.

69. Was ist das Mittleramt?
Das Amt des Erlösers und Versöhners, darin er als der von Gott verordnete Prophet, Hohepriester und König die Feindschaft hinweggenommen hat und fort und fort die Sünder zu Gott zurückführt.

1. Tim 2, 4-6. Gott will, daß allen Menschen geholfen werde und sie zur Erkenntnis der Wahrheit kommen. Denn es ist Ein Gott und Ein Mittler zwischen Gott und den Menschen, nämlich der Mensch Christus Jesus, der sich selbst gegeben hat für alle zur Erlösung.

1. Kor 1, 30. Christus Jesus ist uns gemacht von Gott zur Weisheit und zur Gerechtigkeit und zur Heiligung und zur Erlösung.

1. Joh 2, 1. 2. Ob jemand sündigt, so haben wir einen Fürsprecher bei dem Vater, Jesum Christum, der gerecht ist. Und derselbe ist die Versöhnung für unsere Sünde, nicht allein aber für die unsere, sondern auch für die der ganzen Welt.

70. Warum nennst du ihn insbesondere deinen Herrn?
Weil er auch mir Mittler ist und sich mit allem, was er kann, will, hat, tut und leidet, auch für mich gegeben hat.

Gal 2, 20. Was ich jetzt lebe im Fleisch, das lebe ich in dem Glauben des Sohnes Gottes, der mich geliebt hat und sich selbst für mich dargegeben.

71. Was hat er denn an dir getan?
Er hat mich verlornen und verdammten Menschen erlöset, erworben, gewonnen von allen Sünden, vom Tode und von der Gewalt des Teufels.

72. Warum sagst du, daß er dich erlöset habe?
Weil ich mir seine allgemeine Erlösung durch den Glauben zueigne und mich derselben getröste.

2. Tim 1, 12. Ich weiß, an welchen ich glaube, und bin gewiß, daß er mir bewahren kann, was mir beigelegt ist, bis an jenen Tag.

73. Was bist du denn zuvor gewesen?
Ein verlorner und verdammter Mensch.

74. Wovon hat er dich erlöst?
Von allen Sünden, daß sie mich nun nicht mehr verdammen können.

Eph 1, 7. An Christo haben wir die Erlösung durch sein Blut, nämlich die Vergebung der Sünden.

75. Wovon hat er dich ferner erlöst?
Vom Tode, also daß ich den zeitlichen Tod nicht zu fürchten habe und den ewigen Tod nicht sehen werde.

Joh 5, 24. Wahrlich, wahrlich, ich sage euch, wer mein Wort hört und glaubt dem, der mich gesandt hat, der hat das ewige Leben und kommt nicht in das Gericht, sondern er ist vom Tode zum Leben hindurchgedrungen.

1. Kor 15, 55 - 57. Der Tod ist verschlungen in den Sieg. Tod, wo ist dein Stachel? Hölle, wo ist dein Sieg? Aber der Stachel des Todes ist die Sünde; die Kraft aber der Sünde ist das Gesetz. Gott aber sei Dank, der uns den Sieg gegeben hat durch unsern Herrn Jesum Christum.

76. Wovon hat er dich endlich erlöst?
Von der Gewalt des Teufels, daß er mir in Zeit und Ewigkeit nicht schaden kann.

1. Joh 3, 8. Dazu ist erschienen der Sohn Gottes, daß er die Werke des Teufels zerstöre.

Kol 2, 15. Er hat ausgezogen die Fürstentümer und die Gewaltigen und sie schaugetragen öffentlich und einen Triumph aus ihnen gemacht durch sich selbst.

77. Womit hat er dich erlöst?
Nicht mit Gold oder Silber, sondern mit seinem heiligen, teuren Blut und mit seinem unschuldigen Leiden und Sterben.

1. Petr 1, 18. 19. Wisset, daß ihr nicht mit vergänglichem Silber oder Gold erlöst seid von eurem eitlen Wandel nach väterlicher Weise, sondern mit dem teuren Blut Christi als eines unschuldigen und unbefleckten Lammes.

Jes 53, 4. 5. Fürwahr, er trug unsere Krankheit und lud auf sich unsere Schmerzen. Wir aber hielten ihn für den, der geplagt und von Gott geschlagen und gemartert wäre. Aber er ist um unserer Missetat willen verwundet und um unserer Sünde willen zerschlagen. Die Strafe liegt auf ihm, auf daß wir Frieden hätten, und durch seine Wunden sind wir geheilt.

Joh 1, 29. Siehe, das ist Gottes Lamm, welches der Welt Sünde trägt.

78. Warum nennst du sein Blut ein heiliges Blut?
Weil es das Blut des Hohenpriesters ist, der ohne alle eigene Schuld für unsere Sünde sich selber geopfert hat, der Gerechte für die Ungerechten.

Hebr 7, 26. Einen solchen Hohenpriester sollten wir haben, der da wäre heilig, unschuldig, unbefleckt, von den Sünden abgesondert und höher, denn der Himmel ist.

2. Kor 5, 21. Gott hat den, der von keiner Sünde wußte, für uns zur Sünde gemacht, auf daß wir würden in ihm die Gerechtigkeit, die vor Gott gilt.

79. Warum nennst du es ein teures Blut?
Weil es das Blut des Sohnes Gottes ist und also von unendlichem Werte.

1. Joh 1, 7. Das Blut Jesu Christi, des Sohnes Gottes, macht uns rein von aller Sünde.

80. Ist denn in Wahrheit der eingeborne Sohn Gottes selbst für dich gestorben?
Ja, freilich ist der für mich gestorben. Denn niemand sonst als Jesus Christus, wahrhaftiger Gott, vom Vater

in Ewigkeit geboren, und auch wahrhaftiger Mensch, von der Jungfrau Maria geboren, hat mich durch sein Blut erlösen und mit Gott versöhnen können.

Ps 49, 8. 9. Kann doch einen Bruder niemand erlösen, noch ihn Gott versöhnen. Denn es kostet zu viel, ihre Seele zu erlösen; man muß es lassen anstehen ewiglich.

81. So hat dir demnach der Herr damit die größte Wohltat erwiesen?
Ja, ihm sei Lob und Dank in Ewigkeit, die allergrößte Wohltat. Denn er hat mich erlöst aus dem Gefängnis der Hölle und von der Gewalt des Teufels, erworben durch seine große Mühe und Arbeit und blutigen Schweiß, gewonnen durch sein Vermögen und starke Kraft aus dem tiefsten Elend, daraus mich in Ewigkeit keine Kreatur hätte heben und bringen können.

Hos 13, 14. Ich will sie erlösen aus der Hölle und vom Tode erretten. Tod, ich will dir ein Gift sein; Hölle, ich will dir eine Pestilenz sein.

Jes 43, 24. Mir hast du Arbeit gemacht mit deinen Sünden, und hast mir Mühe gemacht mit deinen Missetaten.

Jes 53, 11. 12. Darum, daß seine Seele gearbeitet hat, wird er seine Lust sehen und die Fülle haben. Und ich will ihm große Menge zur Beute geben, und er soll die Starken zum Raube haben.

82. Wozu hat er dich erlöst?
Daß ich sein eigen sei und in seinem Reich unter ihm lebe und ihm diene in ewiger Gerechtigkeit, Unschuld und Seligkeit.

83. Wie sollst du sein eigen sein?
Mit allen Kräften meiner Seele und mit allen Gliedern meines Leibes.

Tit 2, 14. Christus hat sich selbst für uns gegeben, auf daß er uns erlöste von aller Ungerechtigkeit und reinigte ihm selbst ein Volk zum Eigentum, das fleißig wäre zu guten Werken.

84. Wie sollst du in seinem Reich unter ihm leben?
Hier im Gnadenreich durch den Glauben und dort im Ehrenreich durch sein seligmachendes Anschauen.

Kol 1, 12 - 14. Danksaget dem Vater, der uns tüchtig gemacht hat zu dem Erbteil der Heiligen im Licht, welcher uns errettet hat von der Obrigkeit der Finsternis und hat uns versetzt in das Reich seines lieben Sohnes, an welchem wir haben die Erlösung durch sein Blut, nämlich die Vergebung der Sünden.

85. Wie sollst du ihm dienen?
In ewiger Gerechtigkeit, Unschuld und Seligkeit.

Joh 12, 26. Wer mir dienen will, der folge mir nach, und wo ich bin, da soll mein Diener auch sein.

86. Wie ist er dir darin selber vorangegangen?
Gleichwie er ist auferstanden vom Tode, lebet und regieret in Ewigkeit, also sollen auch wir mit ihm von der Sünde auferstehen und in einem neuen Leben wandeln.

Röm 6, 4. So sind wir ja mit ihm begraben durch die Taufe in den Tod, auf daß, gleichwie Christus ist auferweckt von den Toten durch die Herrlichkeit des Vaters, also sollen wir auch in einem neuen Leben wandeln.

2. Tim 2, 11. 12. Das ist je gewißlich war: sterben wir mit, so werden wir mit leben; dulden wir, so werden wir mit herrschen; verleugnen wir, so wird er uns auch verleugnen.

87. Willst du denn auch gewiß sein eigen sein, unter ihm zu leben und ihm zu dienen?
Ja, von Grund meines Herzens. Gleichwie er mich geliebt hat bis in den Tod und noch liebt in seiner Herrlichkeit, so will ich ihn lieben und loben mein Leben lang und in solcher Liebe mich ihm ergeben, seinem Vorbilde folgen, ihm leben und ihm sterben.

2. Kor 5, 15. Christus ist darum für alle gestorben, auf daß die, so da leben, hinfort nicht sich selbst leben, sondern dem, der für sie gestorben und auferstanden ist.

88. Warum sprichst du zu dem allem: Das ist gewißlich wahr?

Weil ich nicht allein im Herzen mein Vertrauen fest auf seine Erlösung setze, sondern auch mit dem Munde bekenne, daß ich ihm also zu dienen schuldig bin.

Röm 8, 38. 39. Ich bin gewiß, daß weder Tod noch Leben, weder Engel noch Fürstentümer noch Gewalten, weder Gegenwärtiges noch Zukünftiges, weder Hohes noch Tiefes noch keine andere Kreatur mag uns scheiden von der Liebe Gottes, die in Christo Jesu ist, unserm Herrn.

Hebr 13, 8. Jesus Christus gestern und heute und derselbe auch in Ewigkeit.

Der dritte Artikel

Von der Heiligung

Wie lautet der dritte Artikel?

Ich glaube an den Heiligen Geist, eine heilige christliche Kirche, die Gemeinde der Heiligen, Vergebung der Sünden, Auferstehung des Fleisches und ein ewiges Leben. Amen.

Was ist das?
Ich glaube, daß ich nicht aus eigener Vernunft noch Kraft an Jesum Christum, meinen Herrn, glauben oder zu ihm kommen kann; sondern der Heilige Geist hat mich durch das Evangelium berufen, mit seinen

Gaben erleuchtet, im rechten Glauben geheiliget und erhalten; gleichwie er die ganze Christenheit auf Erden beruft, im rechten, einigen Glauben; in welcher Christenheit er mir und allen Gläubigen täglich alle Sünden reichlich vergibt und am Jüngsten Tag mich und alle Toten auferwecken wird und mir samt allen Gläubigen in Christo ein ewiges Leben geben wird. Das ist gewißlich wahr.

89. Wovon handelt der dritte Artikel?
Von der Heiligung.

90. Was ist die Heiligung?
Das Werk des Heiligen Geistes, da er uns zu Christo bringt und im Glauben an ihn gerecht, heilig und selig macht.

1. Kor 12, 3. Niemand kann Jesum einen Herrn heißen außer durch den Heiligen Geist.

91. Wer ist der Heilige Geist?
Er ist die dritte Person des göttlichen Wesens, die vom Vater und Sohn von Ewigkeit her ausgeht und uns heiligt.

Joh 15, 26. Wenn der Tröster kommen wird, welchen ich euch senden werde vom Vater, der Geist der Wahrheit, der vom Vater ausgeht, der wird zeugen von mir.

92. Warum ist es nötig, daß dich der Heilige Geist heilige?
Weil ich von Natur blind und in Sünden tot bin und also nicht aus eigener Vernunft noch Kraft an Jesum

Christum, meinen Herrn, glauben oder zu ihm kommen kann.

1. Kor 2, 14. Der natürliche Mensch vernimmt nichts vom Geist Gottes; es ist ihm eine Torheit und kann es nicht erkennen; denn es muß geistlich gerichtet sein.

Phil 2, 13. Gott ist's, der in euch wirket beides, das Wollen und das Vollbringen, nach seinem Wohlgefallen.

93. Wie und wodurch heiligt dich der Heilige Geist?
Durch das Wort Gottes und die heiligen Sakramente als durch seine Mittel im Wege der Heilsordnung; denn der Heilige Geist hat mich durch das Evangelium berufen, mit seinen Gaben erleuchtet, im rechten Glauben geheiliget und erhalten.

94. Wie beruft der Heilige Geist?
Er lädt durch die Taufe und die Predigt des Evangeliums uns, die wir nahe, und alle, die ferne sind, ernstlich und kräftig ein, die Welt zu verleugnen und zu Christo zu kommen.

Mk 16, 15. 16. Gehet hin in alle Welt und prediget das Evangelium aller Kreatur. Wer da glaubet und getauft wird, der wird selig werden; wer aber nicht glaubet, der wird verdammt werden.

2. Thess 2, 14. Gott hat euch berufen durch unser Evangelium zum herrlichen Eigentum unsers Herrn Jesu Christi.

95. Wie erleuchtet er uns mit seinen Gaben?

Also, daß er in unserm verfinsterten Verstande und verkehrten Willen ein neues Licht heilsamer Erkenntnis Gottes und seines Willens anzündet, unser Elend und das dargebotene Heil recht zu erkennen.

Apg 26, 17. 18. Ich sende dich unter die Heiden, aufzutun ihre Augen, daß sie sich bekehren von der Finsternis zu dem Licht und von der Gewalt des Satans zu Gott, zu empfangen Vergebung der Sünden und das Erbe samt denen, die geheiligt werden durch den Glauben an mich.

Eph 1, 17. 18. Der Gott unsers Herrn Jesu Christi, der Vater der Herrlichkeit, gebe euch den Geist der Weisheit und der Offenbarung zur Erkenntnis seiner selbst und erleuchtete Augen eures Verständnisses, daß ihr erkennen möget, welche da sei die Hoffnung eurer Berufung und welcher sei der Reichtum seines herrlichen Erbes an seinen Heiligen.

96. Was wirkt er in denjenigen, die sich berufen und erleuchten lassen?

Die Buße oder die Bekehrung von der Sünde zu Gott.

Apg 3, 19. Tut Buße und bekehrt euch, daß eure Sünden getilgt werden.

97. Worin besteht die Buße?

Darin, daß wir unsere Sünde von Herzen bereuen und fest glauben, daß der himmlische Vater aus lauter Gnade und Barmherzigkeit allein um des Verdienstes Christi willen uns dieselbe vergeben wolle.

98. Wie viel Stücke gehören also zur Buße?
Zwei: Reue und Leid über Sünde und der wahre, seligmachende Glaube.

99. Wie wirkt der Heilige Geist Reue und Leid über die Sünde?
Er hält uns im Gesetz die Größe und Verdammlichkeit unserer Sünde und den Zorn Gottes wider die Sünde vor.

Röm 3, 20. Durch das Gesetz kommt Erkenntnis der Sünde.

100. Was ist die Reue?
Der Schrecken, eines geängstigten, betrübten Herzens und Gewissens, das seine Sünde erkennt und sich vor dem Zorn Gottes fürchtet.

Ps 51, 5. 6. Ich erkenne meine Missetat, und meine Sünde ist immer vor mir. An dir allein habe ich gesündigt und übel vor dir getan, auf daß du recht behaltest in deinen Worten und rein bleibest, wenn du gerichtet wirst.

Ps 51. 19. Die Opfer, die Gott gefallen, sind ein geängsteter Geist; ein geängstet und zerschlagen Herz wirst du, Gott, nicht verachten.

2. Kor 7, 10. Die göttliche Traurigkeit wirkt zur Seligkeit eine Reue, die niemand gereut; die Traurigkeit aber der Welt wirkt den Tod.

101. Wie wirkt er den seligmachenden Glauben?
Er bietet uns im Evangelium Gnade und Vergebung der Sünde um Christi willen dar.

Eph 2, 8. 9. Aus Gnaden seid ihr selig geworden durch den Glauben, und das nicht aus euch, Gottes Gabe ist es, nicht aus den Werken, auf daß sich nicht jemand rühme.

102. Was ist der wahre, seligmachende Glaube?
Nicht bloß ein allgemeines Wissen und Fürwahrhalten, sondern eine gewisse Zuversicht und sonderliches Vertrauen auf die Barmherzigkeit Gottes und das vollkommene Verdienst Jesu Christi.

1. Petr 1, 13. Setzet eure Hoffnung ganz auf die Gnade, die euch angeboten wird durch die Offenbarung Jesu Christi.

Röm 8, 33. 34. Wer will die Auserwählten Gottes beschuldigen? Gott ist hier, der da gerecht macht. Wer will verdammen? Christus ist hier, der gestorben ist, ja vielmehr, der auch auferwecket ist, welcher ist zur Rechten Gottes und vertritt uns.

103. Was wirkt der Heilige Geist an denjenigen, welche zur Buße kommen?
Er heiligt und erhält sie im rechten Glauben.

104. Wie heiligt er uns im rechten Glauben?
So, daß er durch den Glauben sowohl die Gerechtigkeit Christi uns zueignet als auch zu guten Werken uns tüchtig macht.

105. Wie eignet er uns die Gerechtigkeit Christi zu?
In dem Werk der Rechtfertigung.

106. Was ist die Rechtfertigung?
Sie ist eine gnädige Lossprechung des Sünders vor dem Gericht Gottes ohne eigenes Verdienst, allein um Christi willen, da Gott allen, die an Christum glauben, die Sünde zur Verdammnis nicht zurechnet, sondern rechnet ihnen vielmehr an deren Statt die teuer erworbene Gerechtigkeit seines Sohnes zu.

Röm 5, 18. Wie durch Eines Sünde die Verdammnis über alle Menschen gekommen ist, also ist auch durch Eines Gerechtigkeit die Rechtfertigung des Lebens über alle Menschen gekommen.

Röm 3, 28. So halten wir nun dafür, daß der Mensch gerecht werde ohne des Gesetzes Werke, allein durch den Glauben.

107. Wieviel Stücke gehören also zur Rechtfertigung?
Drei: Gottes Gnade, Christi Verdienst und unser Glaube.

Röm 3, 23-25. Es ist hier kein Unterschied; sie sind allzumal Sünder und mangeln des Ruhmes, den sie an Gott haben sollten, und werden ohne Verdienst gerecht aus seiner Gnade durch die Erlösung, so durch Christum Jesum geschehen ist, welchen Gott hat vorgestellt zu einem Gnadenstuhl durch den Glauben in seinem Blut, damit er die Gerechtigkeit, die vor ihm gilt, darbiete in dem, daß er Sünde vergibt.

108. Und was hast du an solcher Rechtfertigung?
Die allerteuerste Gnade und Gabe meines lieben himmlischen Vaters, daß ich sein Kind und Erbe bin, Gerechtigkeit, Friede und Freude im Heiligen Geist, dazu die Hoffnung der zukünftigen Herrlichkeit.

Röm 5, 1. 2. Nun wir denn sind gerecht geworden durch den Glauben, so haben wir Frieden mit Gott durch unsern Herrn Jesum Christum, durch welchen wir auch einen Zugang haben im Glauben zu dieser Gnade, darin wir stehen, und rühmen uns der Hoffnung der zukünftigen Herrlichkeit, die Gott geben soll.

Röm 8, 14-17. Welche der Geist Gottes treibt, die sind Gottes Kinder. Denn ihr habt nicht einen knechtischen Geist empfangen, daß ihr euch abermals fürchten müßtet, sondern ihr habt einen kindlichen Geist empfangen, durch welchen wir rufen: Abba, lieber Vater! Derselbe Geist gibt Zeugnis unserm Geist, daß wir Gottes Kinder sind. Sind wir denn Kinder, so sind wir auch Erben, nämlich Gottes Erben und Miterben Christi, so wir anders mitleiden, auf daß wir auch mit zur Herrlichkeit erhoben werden.

Röm 8, 31. 32. Ist Gott für uns, wer mag wider uns sein? Welcher auch seines eigenen Sohnes nicht hat verschont, sondern hat ihn für uns alle dahin gegeben, wie sollte er uns mit ihm nicht alles schenken?

Röm 14, 17. 18. Das Reich Gottes ist nicht Essen und Trinken, sondern Gerechtigkeit und Friede und

Freude in dem Heiligen Geist. Wer darin Christo dient, der ist Gott gefällig und den Menschen wert.

109. Wie macht der Heilige Geist uns zu guten Werken tüchtig?
Dadurch, daß er uns durch den Glauben wandelt und neugebiert aus Gott und in uns den neuen Gehorsam wirkt.

Gal 2, 20. Ich lebe; doch nun nicht ich, sondern Christus lebt in mir. Denn was ich jetzt lebe im Fleisch, das lebe ich in dem Glauben des Sohnes Gottes, der mich geliebt hat und sich selbst für mich dargegeben.

2. Kor 5, 17. Ist jemand in Christo, so ist er eine neue Kreatur; das Alte ist vergangen, siehe, es ist alles neu geworden.

Ps 51, 12. Schaffe in mir, Gott, ein reines Herz und gib mir einen neuen, gewissen Geist.

110. Was ist der neue Gehorsam?
Eine Frucht und Wirkung der Buße, da wir nach erlangter gnädiger Vergebung der Sünde alle Sünden nach bestem Vermögen meiden und unser Leben nach Gottes Geboten ernstlich bessern.

Mt 7, 17. Ein jeglicher guter Baum bringt gute Früchte.

Tit 3, 8. Solches will ich, daß du fest lehrest, auf daß die, so an Gott gläubig geworden sind, in einem Stande guter Werke erfunden werden.

Gal 5, 22. Die Frucht des Geistes ist Liebe, Freude, Friede, Geduld, Freundlichkeit, Gütigkeit, Glaube, Sanftmut, Keuschheit.

111. Wie erhält uns der Heilige Geist im rechten Glauben?
Er behütet und bewahrt uns, daß wir nicht wiederum aus der Gnade fallen, und vollführt also das angefangene Werk bei aller Schwachheit des Fleisches und unter allen Anfechtungen des Teufels und der Welt bis an den Tag Jesu Christi.

Phil 1, 6. Ich bin desselben in guter Zuversicht, daß, der in euch angefangen hat das gute Werk, der wird's auch vollführen bis an den Tag Jesu Christi.

1. Thess 5, 23. 24. Der Gott des Friedens heilige euch durch und durch, und euer Geist ganz samt Seele und Leib müsse behalten werden unsträflich auf die Zukunft unsers Herrn Jesu Christi. Getreu ist der, der euch ruft; er wird's auch tun.

Offb 2, 10. Sei getreu bis an den Tod, so will ich dir die Krone des Lebens geben.

112. Wie mußt du aber dich selbst in dem Werk der Heiligung halten?
Ich muß dem Heiligen Geist in seinem Amt und Werk nicht widerstreben, sondern mich willig von ihm lehren und strafen, züchtigen und trösten lassen.

Eph 4, 30. Betrübet nicht den Heiligen Geist Gottes, mit dem ihr versiegelt seid auf den Tag der Erlösung.

Hebr 10, 26. 27. So wir mutwillig sündigen, nachdem wir die Erkenntnis der Wahrheit empfangen haben, haben wir ferner kein anderes Opfer mehr für die Sünden, sondern ein schreckliches Warten des Gerichts und des Feuereifers, der die Widerwärtigen verzehren wird.

Phil 2, 12. 13. Schaffet, daß ihr selig werdet mit Furcht und Zittern. Denn Gott ist's, der in euch wirket beides, das Wollen und das Vollbringen, nach seinem Wohlgefallen.

113. Wo heiligt dich der Heilige Geist?
In der christlichen Kirche als in seiner Werkstätte; denn: Ich glaube an eine heilige christliche Kirche, die Gemeinde der Heiligen.

114. Was bekennst du damit?
Ich glaube, daß der Heilige Geist die ganze Christenheit auf Erden beruft, sammelt, erleuchtet, heiliget und bei Jesu Christo erhält im rechten, einigen Glauben.

115. Was ist die Kirche?
Sie ist das Haus des lebendigen Gottes und die Versammlung der zum Heil in Christo Berufenen, die durch Wort und Sakrament im wahren Glauben zur Seligkeit erbaut werden.

1. Tim 3, 15. Das Haus Gottes ist die Gemeinde des lebendigen Gottes, ein Pfeiler und eine Grundfeste der Wahrheit.

Eph 2, 19-22. So seid ihr nun nicht mehr Gäste und Fremdlinge, sondern Bürger mit den Heiligen und Gottes Hausgenossen, erbaut auf den Grund der Apostel und Propheten, da Jesus Christus der Eckstein ist, auf welchem der ganze Bau ineinandergefügt wächst zu einem heiligen Tempel in dem Herrn, auf welchem auch ihr mit erbaut werdet zu einer Behausung Gottes im Geist.

116. Warum bekennst du eine einige Kirche?
Weil außer der wahren Kirche Gottes kein Heil ist und zu ihr alle Heiligen gehören, als die Ein Leib und Ein Geist sind.

Eph 4, 3-6. Seid fleißig zu halten die Einigkeit im Geist durch das Band des Friedens, Ein Leib und Ein Geist, wie ihr auch berufen seid auf einerlei Hoffnung eurer Berufung. Ein Herr, Ein Glaube, Eine Taufe, Ein Gott und Vater (unser) aller, der da ist über euch allen und durch euch alle und in euch allen.

Gal 3, 28. Hier ist kein Jude noch Grieche, hier ist kein Knecht noch Freier, hier ist kein Mann noch Weib; denn ihr seid allzumal Einer in Christo Jesu.

117. Warum nennst du sie eine heilige Kirche?
Weil sie durch Wort und Sakrament geheiligt und Gott dem Herrn heilig in ihr gedient wird.

Eph 5, 25-27. Christus hat geliebt die Gemeinde und hat sich selbst für sie gegeben, auf daß er sie heiligte, und hat sie gereinigt durch das Wasserbad im Wort, auf daß er sie sich selbst darstellte als eine Gemeinde, die herrlich sei, die nicht habe einen Flecken oder Runzel oder des etwas, sondern daß sie heilig sei und unsträflich.

118. Warum heißt sie eine christliche Kirche?
Wegen des allgemeinen Glaubens, dadurch alle Christen und Heiligen zu allen Zeiten und an allen Orten auf der ganzen Welt Christo, ihrem einigen und allgemeinen Haupt, anhangen.

Eph 1, 22. 23. Gott hat alle Dinge unter seine Füße getan und hat ihn gesetzt zum Haupt der Gemeinde über alles, welche da ist sein Leib, nämlich die Fülle des, der alles in allen erfüllt.

119. Warum setzt du hinzu: Die Gemeinde der Heiligen?
Weil nicht die ganze Menge mit allen Heuchlern und Gottlosen, sondern die Heiligen und Gläubigen eigentlich Glieder der Kirche sind.

Mt 22, 14. Viele sind berufen; aber wenige sind auserwählt.

2. Tim 2, 19. Der feste Grund Gottes besteht und hat dieses Siegel: Der Herr kennt die Seinen, und: Es trete ab von Ungerechtigkeit, wer den Namen Christi nennt.

1. Petr 2, 9. Ihr seid das auserwählte Geschlecht, das königliche Priestertum, das heilige Volk, das Volk des Eigentums, daß ihr verkündigen sollt die Tugenden

des, der euch berufen hat von der Finsternis zu seinem wunderbaren Licht.

1. Kor 3, 16. Wisset ihr nicht, daß ihr Gottes Tempel seid und der Geist Gottes in euch wohnt?

120. Welche teure Gnadengabe des Heiligen Geistes empfängst du in der Kirche?
Die Vergebung der Sünden, daß der Heilige Geist in der Christenheit mir und allen Gläubigen täglich alle Sünden reichlich vergibt.

121. Was ist hier die Vergebung der Sünden?
Ein Werk des Heiligen Geistes in der Kirche, da er die von Christo erworbene Gerechtigkeit fortwährend darbietet und mitteilt.

122. Wie geschieht solch Darbieten und Mitteilen?
Im Wort und Sakrament täglich mit reicher Barmherzigkeit allen Gläubigen insgemein, so oft wir uns bußfertig Gott nahen.

123. Wie wird diese Gnade in der Gemeinde zugeeignet?
Durch den Dienst der Kirche, vornehmlich in der Beichte.

124. Wer hat solchen Dienst auszurichten?
Die berufenen Diener der Kirche, die von Gott Befehl und Vollmacht haben, das Evangelium zu predigen, die Sakramente zu verwalten, Sünden zu erlassen und zu behalten.

2. Kor 5, 18-20. Gott hat uns mit ihm selber versöhnt durch Jesum Christum und das Amt gegeben, das die Versöhnung predigt. Denn Gott war in Christo und versöhnte die Welt mit ihm selber und rechnete ihnen ihre Sünden nicht zu und hat unter uns aufgerichtet das Wort von der Versöhnung. So sind wir nun Botschafter an Christi Statt; denn Gott vermahnt durch uns. So bitten wir nun an Christi Statt: Lasset euch versöhnen mit Gott!

1. Joh 1, 9. So wir unsere Sünden bekennen, so ist Gott treu und gerecht, daß er uns die Sünde vergibt und reinigt uns von aller Untugend.

125. Wann werden wir endlich von aller Schwachheit des Fleisches erlöst?
Am Jüngsten Tage, da der Heilige Geist sein Werk an uns vollendet und uns aus dem Gnadenstand der Kirche Gottes auf Erden in den Ehrenstand der himmlischen Gemeinde aufnimmt.

126. Wie sagt es das Bekenntnis?
Ich glaube die Auferstehung des Fleisches und ein ewiges Leben.

127. Was bekennst du damit?
Ich glaube, daß der Heilige Geist am Jüngsten Tage mich und alle Toten auferwecken wird und mir samt allen Gläubigen in Christo ein ewiges Leben geben wird.

128. Welches ist der Jüngste Tag?
Das Ende dieser Welt, da unser Herr Jesus Christus in seiner Herrlichkeit sichtbar wiederkommt, zu richten die Lebendigen und die Toten.

Mt 24, 35. 36. Himmel und Erde werden vergehen; aber meine Worte werden nicht vergehen. Von dem Tage aber und von der Stunde weiß niemand, auch die Engel nicht im Himmel, sondern allein der Vater.

Mt 25, 31. 32. Wenn des Menschen Sohn kommen wird in seiner Herrlichkeit und alle heiligen Engel mit ihm, dann wird er sitzen auf dem Stuhl seiner Herrlichkeit, und werden vor ihm alle Völker versammelt werden.

129. Welches sind am Jüngsten Tage die Lebendigen?
Diejenigen, welche das Ende dieser Welt auf Erden erleben werden.

130. Was wird mit denen geschehen?
Sie werden verwandelt werden.

1. Kor 15, 51. Wir werden nicht alle entschlafen; wir werden aber alle verwandelt werden.

131. Welches sind aber die Toten?
Diejenigen, welche vor dem Jüngsten Tage gestorben und deren Leiber in den Gräbern dieser Erde verwest sind.

132. Was ist der leibliche Tod?
Der Tod ist die Trennung der Seele und des Leibes bis zum Tage der Auferstehung.

Pred 12, 7. Der Staub muß wieder zu der Erde kommen, wie er gewesen ist, und der Geist wieder zu Gott, der ihn gegeben hat.

Ps 90, 12. Herr, lehre uns bedenken, daß wir sterben müssen, auf daß wir klug werden.

133. Wo sind die Seelen der Gestorbenen bis zum Jüngsten Tage?
Die Seelen der Gerechten sind bei Christo in Gottes Hand, und keine Qual rührt sie an; die Seelen der Gottlosen aber gehen an ihren Ort und werden behalten bis zum Gericht des großen Tages.

Lk. 23, 43. Wahrlich, ich sage dir, heute wirst du mit mir im Paradiese sein.

2. Kor 5, 8. Wir sind getrost und haben vielmehr Lust, außer dem Leibe zu wallen und daheim zu sein bei dem Herrn.

Offb 14, 13. Selig sind die Toten, die in dem Herrn sterben, von nun an. Ja, der Geist spricht, daß sie ruhen von ihrer Arbeit; denn ihre Werke folgen ihnen nach.

134. Was bekennst du von den Leibern der Gestorbenen?
Die Auferstehung des Fleisches.

135. Was ist die Auferstehung des Fleisches?

Da aus Gottes Allmacht am Jüngsten Tage aller verstorbenen Menschen Leiber auferstehen und mit ihren Seelen wiederum vereinigt werden.

Joh 5, 28. 29. Es kommt die Stunde, in welcher alle, die in den Gräbern sind, werden die Stimme des Sohnes Gottes hören, und werden hervorgehen, die da Gutes getan haben, zur Auferstehung des Lebens, die aber Übels getan haben, zur Auferstehung des Gerichts.

136. Wie werden wir auferstehen?

Mit einem unverweslichen, herrlichen und geistlichen Leibe, ähnlich dem verklärten Leibe Christi.

Phil 3, 20. 21. Unser Wandel ist im Himmel, von dannen wir auch warten des Heilandes Jesu Christi, des Herrn, welcher unsern nichtigen Leib verklären wird, daß er ähnlich werde seinem verklärten Leibe nach der Wirkung, mit der er kann auch alle Dinge sich untertänig machen.

1. Kor 15, 42 - 44. Es wird gesät verweslich, und wird auferstehen unverweslich. Es wird gesät in Unehre, und wird auferstehen in Herrlichkeit. Es wird gesät in Schwachheit, und wird auferstehen in Kraft. Es wird gesät ein natürlicher Leib, und wird auferstehen ein geistlicher Leib.

137. Was folgt auf die Auferstehung?
Das Jüngste Gericht und der Untergang dieser Welt, darnach wir eines neuen Himmels und einer neuen Erde warten.

2. Kor 5, 10. Wir müssen alle offenbar werden vor dem Richterstuhl Christi, auf daß ein jeglicher empfange, nach dem er gehandelt hat bei Leibes Leben, es sei gut oder böse.

2. Petr 3, 10. 13. Es wird des Herrn Tag kommen wie ein Dieb in der Nacht, an welchem die Himmel zergehen werden mit großem Krachen; die Elemente aber werden vor Hitze zerschmelzen, und die Erde und die Werke, die darinnen sind, werden verbrennen. Wir warten aber eines neuen Himmels und einer neuen Erde nach seiner Verheißung, in welchen Gerechtigkeit wohnt.

138. Was ist das Jüngste Gericht?
Das endliche Urteil und die letzte Entscheidung des Sohnes Gottes über alle Menschen, den Ungerechten zur ewigen Verdammnis, den Gerechten aber zum ewigen Leben.

Mt 25, 41. 46. Der König wird sagen zu denen zur Linken: Gehet hin von mir, ihr Verfluchten, in das ewige Feuer, das bereitet ist dem Teufel und seinen Engeln. Und sie werden in die ewige Pein gehen, aber die Gerechten in das ewige Leben.

Mt 25, 34. Der König wird sagen zu denen zu seiner Rechten: Kommt her, ihr Gesegneten meines Vaters, ererbet das Reich, das euch bereitet ist von Anbeginn der Welt.

2. Kor 9, 6. Wer da kärglich sät, der wird auch kärglich ernten, und wer da sät im Segen, der wird auch ernten im Segen.

139. Was ist die ewige Verdammnis?
Es ist die unaufhörliche Verwerfung von dem fröhlichen Angesicht Gottes zu unaussprechlicher Pein und Qual an Seele und Leib unter der schrecklichen Gesellschaft der bösen Geister in der Hölle.

2. Thess 1, 7-9. Der Herr Jesus wird offenbart werden vom Himmel samt den Engeln seiner Kraft und mit Feuerflammen, Rache zu geben über die, so Gott nicht erkennen, und über die, so nicht gehorsam sind dem Evangelium unsers Herrn Jesu Christi, welche werden Pein leiden, das ewige Verderben von dem Angesicht des Herrn und von seiner herrlichen Macht.

Mk 9, 43. 44. So dich deine Hand ärgert, so haue sie ab. Es ist dir besser, daß du als ein Krüppel zum Leben eingehst, denn daß du zwei Hände habest und fahrest in die Hölle, in das ewige Feuer, da ihr Wurm nicht stirbt und ihr Feuer nicht verlischt.

140. Was ist das ewige Leben?
Es ist das vollkommene, unaufhörliche Genießen, Lieben und Loben des wahren dreieinigen Gottes in höchster Freude in der seligen Gemeinschaft aller erlösten und vollendeten Kinder Gottes.

Ps 42, 3. Meine Seele dürstet nach Gott, nach dem lebendigen Gott. Wann werde ich dahin kommen, daß ich Gottes Angesicht schaue?

Joh. 17, 24. Vater, ich will, daß, wo ich bin, auch die bei mir seien, die du mir gegeben hast, daß sie meine Herrlichkeit sehen, die du mir gegeben hast.

1. Joh 3, 2. Meine Lieben, wir sind nun Gottes Kinder, und ist noch nicht erschienen, was wir sein werden. Wir wissen aber, wenn es erscheinen wird , daß wir ihm gleich sein werden; denn wir werden ihn sehen, wie er ist.

Offb 7, 16. 17. Sie wird nicht mehr hungern noch dürsten; es wird auch nicht auf sie fallen die Sonne oder irgend eine Hitze. Denn das Lamm mitten im Stuhl wird sie weiden und leiten zu den lebendigen Wasserbrunnen, und Gott wird abwischen alle Tränen von ihren Augen.

141. Wie beschließt du die Auslegung dieses Artikels?
Mit den Worten: Das ist gewißlich wahr.

142. Was bezeugst du damit?
Daß ich auf den Heiligen Geist und seine Gaben mein ganzes Vertrauen setze und gewißlich glaube, er werde mich in der seligen Gemeinschaft der Kirche beständig erhalten, von meinen Sünden gnädig lossprechen, unter allen Anfechtungen treulich behüten und bewahren und zuletzt durch einen seligen Tod erlösen von allem Übel und aushelfen zu seinem himmlischen Reich.

143. Wie beschließt du endlich alle drei Artikel des christlichen Glaubens?
Mit dem Worte: Amen.

144. Warum das?
Daß ich durch solches Wort meinen Glauben als mit einem Siegel bekräftige und dadurch bezeuge, alles was ich hier mit dem Munde bekannt habe, glaube ich festiglich in meinem Herzen, daß es aus Gottes Wort genommen sei, und wolle fröhlich darauf leben und sterben.

Hebr 13, 9. Lasset euch nicht mit mancherlei und fremden Lehren umtreiben; denn es ist ein köstlich Ding, daß das Herz fest werde, welches geschieht durch Gnade.

Das dritte Hauptstück

Das Vaterunser

oder das Gebet des Herrn

1. Was heißt beten?
Ein herzliches Gespräch mit Gott dem Herrn haben, da wir alle unsere Not und mannigfaltigen Anliegen dem allmächtigen Gott auf seinen Befehl und gnädige Zusage vortragen und im wahren Glauben mit herzlicher Demut allerlei geistliche und leibliche Gaben von ihm erbitten, auch loben und danken.

Ps 19, 15. Laß dir wohlgefallen die Rede meines Mundes und das Gespräch meines Herzens vor dir, Herr, mein Hort und mein Erlöser.

Ps 50, 15. Rufe mich an in der Not, so will ich dich erretten, so sollst du mich preisen.

Mt 7, 7. 8. Bittet, so wird euch gegeben; suchet, so werdet ihr finden; klopfet an, so wird euch aufgetan. Denn wer da bittet, der empfängt, und wer da sucht, der findet, und wer da anklopft, dem wird aufgetan.

Ps 27, 8. Mein Herz hält dir vor dein Wort: Ihr sollt mein Antlitz suchen. Darum suche ich auch, Herr, dein Antlitz.

Ps 103, 1. 2. Lobe den Herrn, meine Seele, und was in mir ist, seinen heiligen Namen; lobe den Herrn, meine Seele, und vergiß nicht, was er dir Gutes getan hat.

Phil 4, 6. In allen Dingen lasset eure Bitten im Gebet und Flehen mit Danksagung vor Gott kund werden.

2. Welches sind die geistlichen Gaben?
Alles, was zu unserer Seelen Seligkeit nötig und nützlich ist, als da ist die Liebe Gottes des Vaters, die erworbene Gerechtigkeit des Sohnes und die Erleuchtung des Heiligen Geistes, Vergebung der Sünde, und der Glaube samt seinen edlen Früchten.

3. Wie muß man um solche Gaben bitten?
Ohne alle Bedingung und Zweifel, daß Gott sie uns geben werde, weil sie zu seiner Ehre und zu unserm Heil dienen.

Lk 11, 13. So denn ihr, die ihr arg seid, könnet euren Kindern gute Gaben geben, wieviel mehr wird der Vater im Himmel den Heiligen Geist geben denen, die ihn bitten?

4. Welches sind die leiblichen Gaben?
Alles, was zur Erhaltung und Notdurft dieses zeitlichen Lebens gehört nach Inhalt der vierten Bitte.

5. Wie sollen wir um leibliche Gaben bitten?
Mit der Bedingung und demütigen Bescheidung, daß Gott sie uns geben möge, wenn es sein Wille ist und

ihm zur Ehre gereicht, auch zu unserer Seligkeit gut und nützlich ist.

1. Joh 5, 14. Das ist die Freudigkeit, die wir haben zu ihm, daß, so wir etwas bitten nach seinem Willen, so hört er uns.

Mt 26, 39. Mein Vater, ist's möglich, so gehe dieser Kelch von mir; doch nicht wie ich will, sondern wie du willst.

6. Wann und wo sollen wir beten?
Zu allen Zeiten, sonderlich morgens, mittags und abends und bei wichtigen Vorfällen des Lebens, und an allen Orten, im Gotteshaus mit der Gemeinde oder daheim mit den Hausgenossen oder im Kämmerlein für uns allein.

Ps 63, 6. Das wäre meines Herzens Freude und Wonne, wenn ich dich mit fröhlichem Munde loben sollte. Wenn ich mich zu Bette lege, so denke ich an dich; wenn ich erwache, so rede ich von dir.

Mt 18, 20. Wo zwei oder drei versammelt sind in meinem Namen, da bin ich mitten unter ihnen.

Ps 95, 6. Kommt, laßt uns anbeten und knien und niederfallen vor dem Herrn, der uns gemacht hat.

Jos 24, 15. Ich und mein Haus wollen dem Herrn dienen.

Mt 6, 6. Wenn du betest, so geh in dein Kämmerlein und schließ die Tür zu und bete zu deinem Vater im Verborgenen, und dein Vater, der in das Verborgene sieht, wird dir's vergelten öffentlich.

1. Thess 5, 17. Betet ohne Unterlaß.

7. Mit was für Worten soll man beten?
Mit Worten und Seufzern, wie sie die eigene Andacht gibt oder wie wir sie in der Heiligen Schrift, sonderlich in den Psalmen, auch im Gesangbuch und in anderen Gebetbüchern finden.

Mt 6, 7. 8. Wenn ihr betet, sollt ihr nicht viel plappern wie die Heiden; denn sie meinen, sie werden erhört, wenn sie viele Worte machen. Darum sollt ihr euch ihnen nicht gleichstellen. Euer Vater weiß, was ihr bedürft, ehe denn ihr ihn bittet.

Ps 38. 10. Herr, vor dir ist alle meine Begierde, und mein Seufzen ist dir nicht verborgen.

Eph 5, 18-20. Werdet voll Geistes und redet untereinander in Psalmen und Lobgesängen und geistlichen Liedern; singet und spielet dem Herrn in euren Herzen und saget Dank allezeit für alles Gott und dem Vater in dem Namen unsers Herrn Jesu Christi.

8. Welches ist der Christen vornehmstes Gebet?
Das heilige Vaterunser, welches der Herr Christus selber uns gelehrt und zu beten befohlen hat, Matthäus im 6. und Lukas im 11. Kapitel.

9. Wie wird das Vaterunser eingeteilt?
In die Anrede, die sieben Bitten und den Beschluß.

Wie lautet die Anrede?
Vater unser, der du bist im Himmel.

Was ist das?
Gott will uns damit locken, daß wir glauben sollen, er sei unser rechter Vater und wir seine rechten Kinder, auf daß wir getrost und mit aller Zuversicht ihn bitten sollen wie die lieben Kinder ihren lieben Vater.

10. Was lehrt uns die Anrede?
Sie lehrt uns nicht allein, wen wir bitten und anrufen sollen, sondern auch, wie solches geschehen müsse.

11. Wen sollen wir denn bitten und anrufen?
Unsern Vater, der im Himmel ist.

12. Wer ist unser Vater im Himmel?
Der wahre dreieinige Gott, der uns liebt wie ein Vater seine Kinder.

Jes 63, 16. Bist du doch unser Vater. Denn Abraham weiß von uns nicht, und Israel kennt uns nicht. Du aber, Herr, bist unser Vater und unser Erlöser; von Alters her ist das dein Name.

Gal 4, 6. Weil ihr Kinder seid, hat Gott gesandt den Geist seines Sohnes in eure Herzen, der schreit: Abba, lieber Vater!

13. Warum sagst du aber: unser, und nicht: mein Vater?
Weil wir Christen alle gleichermaßen diesen wahren dreieinigen Gott zum Vater haben und untereinander Brüder sind, daher auch schuldig, nicht allein ein jeder für sich, sondern auch für alle füreinander zu beten.

Jak 5, 16. Bekenne einer dem andern seine Sünden und betet füreinander. Des Gerechten Gebet vermag viel, wenn es ernstlich ist.

14. Sollen wir denn allein für unsere christlichen Brüder beten?
Nein, auch für alle Menschen.

1. Tim 2, 1. 2. Ich ermahne, daß man vor allen Dingen zuerst tue Bitte, Gebet, Fürbitte und Danksagung für alle Menschen.

15. Warum heißt er unser Vater, der im Himmel ist?
Uns zu erinnern und zu trösten, daß er in himmlischer Herrlichkeit und Seligkeit wohnt und in Macht und Gnade über seine Kinder an allen Orten waltet.

Ps 103, 19. Der Herr hat seinen Stuhl im Himmel bereitet, und sein Reich herrscht über alles.

Jes 57, 15. Also spricht der Hohe und Erhabene, der ewiglich wohnt, des Name heilig ist: Der ich in der Höhe und im Heiligtum wohne und bei denen, so zerschlagenen und demütigen Geistes sind, auf daß ich erquicke den Geist des Gedemütigten und das Herz der Zerschlagenen.

16. Warum läßt sich aber Gott überhaupt im Gebet von uns Vater nennen?
Gott will uns damit locken, daß wir glauben sollen, er sei unser rechter Vater und wir seine rechten Kinder.

17. Durch wen sind wir Gottes Kinder?
Durch unsern Herrn und Heiland Jesum Christum, in dessen Namen wir beten.

18. Was heißt im Namen Jesu beten?
Es heißt: im Glauben an ihn und auf sein Geheiß zu Gott kommen mit dem festen Vertrauen, daß er unser Mittler und Fürsprecher ist und wir um seinetwillen angenommen und erhört werden.

Hebr 7, 25. Jesus kann selig machen immerdar, die durch ihn zu Gott kommen, und lebt immerdar und bittet für sie.

Joh 16, 23. Wahrlich, wahrlich, ich sage euch, so ihr den Vater etwas bitten werdet in meinem Namen, so wird er's euch geben.

19. Wie sollen wir also unsern himmlischen Vater bitten und anrufen?
Getrost und mit aller Zuversicht wie die lieben Kinder ihren lieben Vater.

Die erste Bitte

Wie lautet die erste Bitte?
Geheiligt werde dein Name.

Was ist das?
Gottes Name ist zwar an sich selbst heilig; aber wir bitten in diesem Gebet, daß er auch bei uns heilig werde.

Wie geschieht das?
Wo das Wort Gottes lauter und rein gelehret wird und wir auch heilig als die Kinder Gottes danach leben. Das hilf uns, lieber Vater im Himmel! Wer aber anders lehret und lebet, denn das Wort Gottes lehret, der entheiliget unter uns den Namen Gottes. Davor behüte uns, lieber himmlischer Vater!

20. Was heißt den Namen Gottes heiligen?
Es heißt: den einigen wahren Gott, wie er selber sich uns genannt und offenbart hat, samt seinem Wort, seinen Sakramenten und allen seinen Wohltaten erkennen, loben und preisen.

Ps 100, 3. 4. Erkennet, daß der Herr Gott ist. Er hat uns gemacht, und nicht wir selbst, zu seinem Volk und zu Schafen seiner Weide. Gehet zu seinen Toren ein mit Danken, zu seinen Vorhöfen mit Loben; danket ihm, lobet seinen Namen.

21. Warum bitten wir, daß der Name Gottes geheiligt werde?

Gottes Name ist zwar an sich selbst heilig; aber wir bitten in diesem Gebet, daß er auch bei uns heilig werde.

Ps 99, 3. Man danke deinem großen und wunderbaren Namen, der da heilig ist.

22. Wie wird er bei uns heilig?
Durch reine Lehre und gottseliges Leben: Wenn das Wort Gottes lauter und rein gelehret wird und wir auch heilig als die Kinder Gottes darnach leben.

Joh 17, 6. 17. Ich habe deinen Namen offenbart den Menschen, die du mir von der Welt gegeben hast. Heilige sie in deiner Wahrheit; dein Wort ist die Wahrheit.

1. Petr 2, 9. Ihr seid das auserwählte Geschlecht, das königliche Priestertum, das heilige Volk, das Volk des Eigentums, daß ihr verkündigen sollt die Tugenden des, der euch berufen hat von der Finsternis zu seinem wunderbaren Licht.

Mt 5, 16. Lasset euer Licht leuchten vor den Leuten, daß sie eure guten Werke sehen und euren Vater im Himmel preisen.

23. Können wir dies von uns selber tun?
Nein, sondern wir müssen darum bitten und sprechen: Das hilf uns, lieber Vater im Himmel!

24. Wie wird der Name Gottes unter uns entheiligt?
Durch irrige Lehre und gottloses Leben, denn: — Wer anders lehret und lebet, denn das Wort Gottes lehret, der entheiligt unter uns den Namen Gottes.

Röm 2, 21. 23. 24. Du lehrst andere und lehrst dich selber nicht. Du rühmst dich des Gesetzes und schändest Gott durch Übertretung des Gesetzes. Denn eurethalben wird Gottes Name gelästert unter den Heiden.

Ps 119, 37. Wende meine Augen ab, daß sie nicht sehen nach unnützer Lehre; sondern erquicke mich auf deinem Wege.

25. Können wir uns davor selber bewahren?
Nein, sondern wir müssen bitten: Davor behüte uns, lieber himmlischer Vater!

Die zweite Bitte

Wie lautet die zweite Bitte?
Dein Reich komme.

Was ist das?
Gottes Reich kommt wohl ohne unser Gebet von ihm selbst; aber wir bitten in diesem Gebet, daß es auch zu uns komme.

Wie geschieht das?
Wenn der himmlische Vater uns seinen Heiligen Geist gibt, daß wir seinem heiligen Wort durch seine Gnade glauben und göttlich leben, hier zeitlich und dort ewiglich.

26. Was ist hier das Reich Gottes?
Das Reich der Gnade in diesem Leben und das Reich der Herrlichkeit in jenem Leben.

27. Warum bitten wir, daß sein Reich komme?
Gottes Reich kommt wohl ohne unser Gebet von sich selbst; aber wir bitten in diesem Gebet, daß es auch zu uns komme.

28. Wie kommt das Reich Gottes von sich selbst?
Durch den gnädigen Rat und Willen Gottes, der seinem Sohn das Reich bereitet hat und es durch sein Wort und den Heiligen Geist beständig erhält und ausbreitet.

Ps 2, 8. Heische von mir, so will ich dir die Heiden zum Erbe geben und der Welt Enden zum Eigentum.

Jes 55, 11. Das Wort, so aus meinem Munde geht, soll nicht wieder zu mir leer kommen, sondern tun, das mir gefällt, und soll ihm gelingen, dazu ich's sende.

29. Wie kommt es aber zu uns?
Wenn wir des Reiches Gottes und seiner Wohltaten fähig und ihrer hier und dort teilhaftig werden.

Eph 5, 5. Das sollt ihr wissen, daß kein Hurer oder Unreiner oder Geiziger, welcher ist ein Götzendiener, Erbe hat an dem Reich Christi und Gottes.

30. Wie werden wir desselben fähig und teilhaftig?
Wenn der himmlische Vater uns seinen Heiligen Geist gibt, daß wir seinem heiligen Wort durch seine Gnade glauben und göttlich leben, hier zeitlich und dort ewiglich.

31. Soll denn das Reich Gottes allein zu uns kommen?
Nein, sondern auch zu den Juden und Heiden; denn Gott ist ein Heiland aller Menschen.

Jer 3, 12. 13. Kehre wieder, du abtrünniges Israel, spricht der Herr, so will ich mein Antlitz gegen euch nicht verstellen. Denn ich bin barmherzig, spricht der Herr, und will nicht ewiglich zürnen. Allein erkenne deine Missetat, daß du wider den Herrn, deinen Gott, gesündigt hast.

Joh 10, 16. Ich habe noch andere Schafe, die sind nicht aus diesem Stalle. Und dieselben muß ich herführen, und sie werden meine Stimme hören, und wird Eine Herde und Ein Hirte werden.

Mal 1, 11. Vom Aufgang der Sonne bis zum Niedergang soll mein Name herrlich werden unter den Heiden.

Röm 10. 13 - 15. Wer den Namen des Herrn wird anrufen, soll selig werden. Wie sollen sie aber anrufen, an den sie nicht glauben? Wie sollen sie aber glauben, von dem sie nichts gehört haben? Wie sollen sie aber hören ohne Prediger? Wie sollen sie aber predigen, wo sie nicht gesandt werden? Wie denn geschrieben steht: Wie lieblich sind die Füße derer, die den Frieden verkündigen, die das Gute verkündigen.

Die dritte Bitte

Wie lautet die dritte Bitte?
Dein Wille geschehe, wie im Himmel, also auch auf Erden.

Was ist das?
Gottes guter, gnädiger Wille geschieht wohl ohne unser Gebet; aber wir bitten in diesem Gebet, daß er auch bei uns geschehe.

Wie geschieht das?
Wenn Gott allen bösen Rat und Willen bricht und hindert, so uns den Namen Gottes nicht heiligen und sein Reich nicht kommen lassen wollen, als da ist des Teufels, der Welt und unsers Fleisches Wille; sondern stärket und behält uns fest in seinem Wort und Glauben bis an unser Ende. Das ist sein gnädiger, guter Wille.

32. Was verstehen wir unter dem Willen Gottes?
Nicht allein, was Gott von uns will getan und gelassen haben, sondern alles, was er zur Heiligung seines Namens und zum Kommen seines Reiches über uns und alle Menschen geordnet hat.

Eph 1, 4-6. Gott hat uns auserwählt durch Christum, ehe der Welt Grund gelegt war, daß wir sollten sein heilig und unsträflich vor ihm in der Liebe, und hat uns verordnet zur Kindschaft gegen ihn selbst durch Jesum Christum nach dem Wohlgefallen seines Willens zu Lobe seiner herrlichen Gnade, durch welche er uns hat angenehm gemacht in dem Geliebten.

33. Wer tut den Willen Gottes im Himmel?
Die heiligen Engel und alle auserwählten Menschen, die der Seligkeit schon genießen.

34. Warum bitten wir, daß sein Wille geschehe?
Gottes guter, gnädiger Wille geschieht wohl ohne unser Gebet; aber wir bitten in diesem Gebet, daß er auch bei uns geschehe.

35. Wie geschieht der Wille Gottes ohne unser Gebet?
Gott führt alles hinaus, was er zur Heiligung seines Namens und zum Kommen seines Reiches geordnet hat, wenn auch wir widerstreben und das dargebotene Heil von uns stoßen.

Ps 33, 10. Der Herr macht zunichte der Heiden Rat und wendet die Gedanken der Völker. Aber der Rat des Herrn bleibt ewiglich, seines Herzens Gedanken für und für.

Röm 11, 33. 34. O, welch eine Tiefe des Reichtums, beide, der Weisheit und Erkenntnis Gottes! Wie gar unbegreiflich sind seine Gerichte und unerforschlich seine Wege! Denn wer hat des Herrn Sinn erkannt? Oder wer ist sein Ratgeber gewesen?

36. Wie geschieht aber der Wille Gottes bei uns?
Wenn wir Gottes Willen lassen unsern Willen sein, mit Freuden tun, was er befohlen hat, willig leiden, was er auflegt, und den Rat Gottes zu unserer Seligkeit nicht verachten.

Mt 7, 21. Es werden nicht alle, die zu mir sagen: Herr, Herr! in das Himmelreich kommen, sondern die den Willen tun meines Vaters im Himmel.

1. Petr 4, 19. Welche da leiden nach Gottes Willen, die sollen ihm ihre Seelen befehlen als dem treuen Schöpfer in guten Werken.

37. Wie schafft Gott, daß sein guter, gnädiger Wille bei uns geschehe?
Er wehret allem bösen Vornehmen und bewahrt uns im Gehorsam seines Willens.

1. Mose 50, 20. Ihr gedachtet es böse mit mir zu machen; aber Gott gedachte es gut zu machen.

Ps 143, 10. Lehre mich tun nach deinem Wohlgefallen, denn du bist mein Gott; dein guter Geist führe mich auf ebener Bahn.

38. Wie wehrt Gott allem bösen Vornehmen?
Wenn er allen bösen Rat und Willen bricht und hindert, so uns den Namen Gottes nicht heiligen und sein Reich nicht kommen lassen wollen, als da ist des Teufels, der Welt und unsers Fleisches Wille.

1. Joh 3, 8. Dazu ist erschienen der Sohn Gottes, daß er die Werke des Teufels zerstöre.

1. Joh. 2, 15. Habt nicht lieb die Welt noch was in der Welt ist. So jemand die Welt lieb hat, in dem ist nicht die Liebe des Vaters.

Gal 5, 17. Das Fleisch gelüstet wider den Geist und den Geist wider das Fleisch; dieselben sind wider einander, daß ihr nicht tut, was ihr wollt.

39. Wie bewahrt uns Gott im Gehorsam seines Willens?
Wenn er uns stärkt und behält uns fest in seinem Wort und Glauben bis an unser Ende.

40. Wird denn Gott gewißlich uns also stärken und fest behalten?
Ja, denn: — Das ist sein gnädiger, guter Wille.

1. Petr 5, 10. Der Gott aller Gnade, der uns berufen hat zu seiner ewigen Herrlichkeit in Christo Jesu, derselbe wird euch, die ihr eine kleine Zeit leidet, vollbereiten, stärken, kräftigen, gründen.

Die vierte Bitte

Wie lautet die vierte Bitte?
Unser täglich Brot gib uns heute.

Was ist das?
Gott gibt täglich Brot auch wohl ohne unsere Bitte allen bösen Menschen; aber wir bitten in diesem Gebet, daß er uns lasse erkennen und mit Danksagung empfangen unser täglich Brot.

Was heißt denn täglich Brot?
Alles, was zur Leibesnahrung und -notdurft gehört, als: Essen, Trinken, Kleider, Schuh, Haus, Hof, Acker,

Vieh, Geld, Gut, fromm Gemahl, fromme Kinder, fromm Gesinde, fromme und treue Oberherren, gut Regiment, gut Wetter, Friede, Gesundheit, Zucht, Ehre, gute Freunde, getreue Nachbarn und desgleichen.

41. Was bedeutet das Brot?
Alles, was zum Unterhalt des Leibes und dieses zeitlichen Lebens gehört.

42. Warum heißt dies alles Brot?
Uns damit zu erinnern, daß wir nicht um großen Reichtum zu Überfluß und Pracht bitten sollen, sondern uns begnügen lassen, wenn wir Nahrung und Kleider haben.

1. Tim 6, 6-8. Es ist ein großer Gewinn, wer gottselig ist und lässet sich genügen. Denn wir haben nichts in die Welt gebracht; darum offenbar ist, wir werden auch nichts hinausbringen. Wenn wir aber Nahrung und Kleider haben, so lasset uns genügen.

43. Warum bitten wir, daß Gott uns das Brot geben wolle?
Weil wir dasselbe nicht von uns selber haben oder durch unsere Geschicklichkeit und Arbeit bekommen, sondern allein von Gott erbitten und erwarten müssen.

Ps 104, 14. Du lässest Gras wachsen für das Vieh und Saat zu Nutz den Menschen, daß du Brot aus der Erde bringest.

Jer 5, 24. Lasset uns doch den Herrn, unsern Gott, fürchten, der uns Frühregen und Spätregen zu rechter

Zeit gibt und uns die Ernte treulich und jährlich behütet.

Ps 127, 1. Wo der Herr nicht das Haus baut, so arbeiten umsonst, die daran bauen. Wo der Herr nicht die Stadt behütet, so wacht der Wächter umsonst.

44. Warum sprechen wir: Unser Brot?
Weil ein jeglicher sein eigen Brot essen und Gott bitten soll, daß er ihm sein beschiedenes Teil (d. h. das ihm von Gott beschiedene Teil) geben wolle.

1. Mose 3, 19. Im Schweiße deines Angesichts sollst du dein Brot essen.

2. Thess 3, 10, 10 - 12. Da wir bei euch waren, geboten wir euch, daß, so jemand nicht will arbeiten, der soll auch nicht essen. Denn wir hören, daß etliche unter euch wandeln unordentlich und arbeiten nichts, sondern treiben Vorwitz. Solchen aber gebieten wir und ermahnen sie durch unsern Herrn Jesum Christum, daß sie mit stillem Wesen arbeiten und ihr eigen Brot essen.

Spr 30, 8. Armut und Reichtum gib mir nicht; laß mich aber mein beschieden Teil Speise dahinnehmen.

45. Warum sprechen wir: Täglich und heute?
Weil wir alle Tage um das liebe Brot bitten und Gott das Gedeihen unsers Tagewerks befehlen müssen, auch nicht sorgen sollen für den andern Morgen.

Mt 6, 34. Sorget nicht für den andern Morgen; denn der morgende Tag wird für das Seine sorgen. Es ist genug, daß ein jeglicher Tag seine eigene Plage habe.

46. Warum sprechen wir: Gib uns, — und nicht: Gib mir?
Weil wir aus christlicher Liebe auch für anderer Leute Notdurft zu bitten schuldig sind und uns dagegen auch ihres Gebets zu trösten und zu erfreuen haben.

47. Warum ist's denn überhaupt nötig, um das tägliche Brot zu bitten?
Nicht allein, daß wir's empfangen, sondern auch, daß wir Gottes Gabe darin erkennen und danken, denn: — Gott gibt täglich Brot auch wohl ohne unsere Bitte allen bösen Menschen; aber wir bitten in diesem Gebet, daß er uns lasse erkennen und mit Danksagung empfangen unser täglich Brot.

Mt 5, 45. Gott läßt seine Sonne aufgehen über die Bösen und über die Guten und läßt regnen über Gerechte und Ungerechte.

Ps 104, 27. 28. Es wartet alles auf dich, daß du ihnen Speise gebest zu seiner Zeit. Wenn du ihnen gibst, so sammeln sie; wenn du deine Hand auftust, so werden sie mit Gut gesättigt.

1. Tim 4, 4. 5. Alle Kreatur Gottes ist gut und nichts ist verwerflich, das mit Danksagung empfangen wird. Denn es wird geheiligt durch das Wort Gottes und Gebet.

Die fünfte Bitte

Wie lautet die fünfte Bitte?
Und vergib uns unsere Schuld, wie wir vergeben unsern Schuldigern.

Was ist das?
Wir bitten in diesem Gebet, daß der Vater im Himmel nicht ansehen wolle unsere Sünden und um derselben willen solche Bitte nicht versagen; denn wir sind der keines wert, das wir bitten, haben's auch nicht verdient, sondern er wolle es uns alles aus Gnaden geben; denn wir täglich viel sündigen und wohl eitel Strafe verdienen. So wollen wir wiederum auch herzlich vergeben und gerne wohltun denen, die sich an uns versündigen.

48. Was bedeutet das Wort Schuld?
Daß uns die Sünde von Gott zugerechnet wird und wir um derselben willen dem Gericht Gottes und der Verdammnis verfallen.

Ps 130, 3. So du willst, Herr, Sünden zurechnen, Herr, wer wird bestehen?

49. Warum bitten wir um Vergebung unserer Schuld?
Weil wir diese Schuld nicht bezahlen können, sondern uns allein dessen getrösten müssen: — Daß der Vater im Himmel nicht ansehen wolle unsere Sünden und um derselben willen solche Bitte nicht versagen.

50. Worauf gründen wir diese und alle anderen Bitten?
Allein auf die Gnade Gottes in Christo, denn: — Wir sind der keines wert, das wir bitten, haben's auch nicht verdienet; sondern er wolle es uns alles aus Gnaden geben.

Dan 9, 18. Herr, wir liegen vor dir mit unserm Gebet, nicht auf unsere Gerechtigkeit, sondern auf deine große Barmherzigkeit.

51. Warum sind wir der keines wert?
Weil wir täglich viel sündigen und wohl eitel Strafe verdienen.

52. Was versprechen wir dagegen?
Daß wir wiederum auch wollen herzlich vergeben und gerne wohltun denen, die sich an uns versündigen.

Mt 6, 14. 15. So ihr den Menschen ihre Fehle (d.h. Verfehlungen) vergebet, so wird euch euer himmlischer Vater auch vergeben. Wo ihr aber den Menschen ihre Fehle nicht vergebet, so wird euch euer Vater eure Fehle auch nicht vergeben.

53. Wie geschieht das?
Wenn wir der erfahrenen Beleidigung nicht weiter gedenken und immer willig und bereit sind, uns zu versöhnen und Böses mit Gutem zu überwinden.

Eph 4, 32. Seid untereinander freundlich, herzlich und vergebet einer dem andern, gleichwie Gott euch vergeben hat in Christo.

Röm 12, 21. Laß dich nicht das Böse überwinden, sondern überwinde das Böse mit Gutem.

Mt 18, 21. 22. Petrus trat zu Jesus und sprach: Herr, wie oft muß ich denn meinem Bruder, der an mir sündigt, vergeben? Ist's genug, siebenmal? Jesus sprach zu ihm: Ich sage dir, nicht siebenmal, sondern siebenzigmal siebenmal.

Die sechste Bitte

Wie lautet die sechste Bitte?
Und führe uns nicht in Versuchung.

Was ist das?
Gott versucht zwar niemand, aber wir bitten in diesem Gebet, daß uns Gott wolle behüten und erhalten, auf daß uns der Teufel, die Welt und unser Fleisch nicht betrüge und verführe in Mißglauben, Verzweiflung und andere große Schande und Laster; und ob wir damit angefochten würden, daß wir doch endlich gewinnen und den Sieg behalten.

54. Was wird hier unter Versuchung verstanden?
Nicht die Versuchung, durch die Gott uns heilsam prüft zur Übung und Bewährung im Guten, sondern die Reizung und Verlockung zum Bösen.

1. Petr 4, 12. Lasset euch die Hitze, so euch begegnet, nicht befremden, die euch widerfährt, daß ihr versucht werdet, als widerführe euch etwas Seltsames.

Jak 1, 12. Selig ist der Mann, der die Anfechtung erduldet; denn nachdem er bewährt ist, wird er die Krone des Lebens empfangen, welche Gott verheißen hat denen, die ihn lieb haben.

55. Woher kommt denn solche Versuchung?
Sie kommt nicht von Gott, denn: — Gott versucht niemand; sondern vom Teufel, von der Welt und unserm eigenen Fleisch, die uns betrügen und verführen in Mißglauben, Verzweiflung, und andere große Schande und Laster.

Jak 1, 13. Niemand sage, wenn er versucht wird, daß er von Gott versucht werde. Denn Gott ist nicht ein Versucher zum Bösen; er versucht niemand.

56. Wie versucht uns der Teufel?
Wenn er uns durch innerliche Anreizung oder äußerliches Blendwerk zur Sünde lockt und drängt oder nach geschehener Sünde in Mißglauben und Verzweiflung treibt.

1. Petr 5, 8. Seid nüchtern und wachet; denn euer Widersacher, der Teufel, geht umher wie ein brüllender Löwe und sucht, welchen er verschlinge.

57. Wie versucht uns die Welt?
Wenn sie uns durch verführerische Gesellschaft und böse Exempel, durch betrügliche Verheißungen oder harte Bedrohungen und was sonst ist in ihr, reizt und treibt zu tun, was nicht recht ist.

Mt 18, 6. 7. Wer ärgert dieser Geringsten einen, die an mich glauben, dem wäre besser, daß ein Mühlstein an seinen Hals gehängt und er ersäuft würde im Meer, da es am tiefsten ist. Wehe der Welt der Ärgernisse halben. Es muß ja Ärgernis kommen; doch wehe dem Menschen, durch welchen Ärgernis kommt.

Spr 1, 10. Mein Kind, wenn dich die bösen Buben locken, so folge nicht.

58. Wie versucht uns unser eigenes Fleisch?
Wenn die eigene böse Lust uns reizt und lockt, die Werke des Fleisches zu vollbringen.

Jak 1, 14. 15. Ein jeglicher wird versucht, wenn er von seiner eigenen Lust gereizt und gelockt wird. Darnach wenn die Lust empfangen hat, gebiert sie die Sünde; die Sünde aber, wenn sie vollendet ist, gebiert sie den Tod.

59. Warum läßt Gott solche Versuchungen zu?
Den Frommen zur Warnung, Prüfung und Strafe; den Gottlosen hingegen zum Gericht.

60. Was ist nun hier unsere Bitte?
Daß uns Gott wolle behüten und erhalten.

61. Wie behütet uns Gott?
Wenn er uns vor gefährlicher Gelegenheit und heftigen Anreizen zur Sünde aus Gnaden bewahrt.

Offb 3, 10. Dieweil du hast behalten das Wort meiner Geduld, will ich auch dich behalten vor der Stunde der Versuchung.

62. Wie erhält er uns?
Wenn er uns in der Versuchung kräftig beisteht, daß wir, ob wir wohl damit angefochten werden, doch in die Sünde nicht willigen und aus der Gnade nicht entfallen, sondern endlich gewinnen und den Sieg behalten.

1. Kor 1, 8. Gott wird euch fest behalten bis ans Ende, daß ihr unsträflich seid auf den Tag unsers Herrn Jesu Christi.

1. Joh 5, 4. Alles, was von Gott geboren ist, überwindet die Welt, und unser Glaube ist der Sieg, der die Welt überwunden hat.

Hebr 2, 18. Worin er gelitten hat und versucht ist, kann er helfen denen, die versucht werden.

63. Was fordert er dabei von uns?
Daß wir wachen, beten und kämpfen.

Mt 26. 41. Wachet und betet, daß ihr nicht in Anfechtung fallet. Der Geist ist willig; aber das Fleisch ist schwach.

Eph 6, 13. Ergreifet den Harnisch Gottes, auf daß ihr an dem bösen Tage Widerstand tun und alles wohl ausrichten und das Feld behalten möget.

1. Tim 6, 12. Kämpfe den guten Kampf des Glaubens; ergreife das ewige Leben, dazu du auch berufen bist.

Die siebente Bitte

Wie lautet die siebente Bitte?
Sondern erlöse uns von dem Übel.

Was ist das?
Wir bitten in diesem Gebet als in der Summa, daß uns der Vater im Himmel von allerlei Übel Leibes und der Seele, Gutes und Ehre erlöse und zuletzt, wenn unser Stündlein kommt, ein seliges Ende beschere und mit Gnaden von diesem Jammertal zu sich nehme in den Himmel.

64. Was ist unsere letzte Bitte?
Die Erlösung von allem Übel, die all unsere Anliegen in sich faßt. Denn: — Wir bitten in diesem Gebet als in der Summa, daß uns der Vater im Himmel von allerlei Übel Leibes und der Seele, Gutes und Ehre erlöse.

65. Wohin geht diese Bitte?
Nicht, daß Gott alsbald alles Übel von uns hinwegnehmen, sondern in Gnaden schaffen wolle, daß es damit so ein Ende gewinne, daß wir's können ertragen.

Hebr 10, 35. 36. Werfet euer Vertrauen nicht weg, welches eine große Belohnung hat. Geduld aber ist euch not, auf daß ihr den Willen Gottes tut und die Verheißung empfanget.

66. Warum bitten wir nicht, daß alles Übel alsbald von uns genommen werde?
Weil zeitliche Trübsal ein heilsames Kreuz ist, der Sünde zu wehren und den Glauben zu stärken.

Röm 5, 3 - 5. Wir rühmen uns auch der Trübsale, dieweil wir wissen, daß Trübsal Geduld bringt; Geduld aber bringt Erfahrung; Erfahrung aber bringt Hoffnung; Hoffnung aber läßt nicht zuschanden werden. Denn die Liebe Gottes ist ausgegossen in unser Herz durch den Heiligen Geist, welcher uns gegeben ist.

2. Kor 4, 17. 18. Unsere Trübsal, die zeitlich und leicht ist, schafft eine ewige und über alle Maßen wichtige Herrlichkeit uns, die wir nicht sehen auf das Sichtbare, sondern auf das Unsichtbare. Denn was sichtbar ist, das ist zeitlich; was aber unsichtbar ist, das ist ewig.

Hebr 12, 5 - 7. Achte nicht gering die Züchtigung des Herrn und verzage nicht, wenn du von ihm gestraft wirst; denn welchen der Herr lieb hat, den züchtigt er; er stäupt aber einen jeglichen Sohn, den er aufnimmt. So ihr die Züchtigung erduldet, so erbietet sich euch Gott als Kindern; denn wo ist ein Sohn, den der Vater nicht züchtigt?

67. Wie erlöst uns Gott endlich von allem Übel?
Wenn er uns zuletzt, wenn unser Stündlein kommt, ein seliges Ende beschert und mit Gnaden von diesem Jammertal zu sich nimmt in den Himmel.

2. Tim 4, 18. Der Herr wird mich erlösen von allem Übel und mir aushelfen zu seinem himmlischen Reich.

Offb 21, 4. Gott wird abwischen alle Tränen von ihren Augen, und der Tod wird nicht mehr sein noch Leid noch Geschrei noch Schmerz wird mehr sein.

Beschluß

Wie lautet der Beschluß?
Denn dein ist das Reich und die Kraft und die Herrlichkeit in Ewigkeit.
Amen.

Was ist das?
Daß ich soll gewiß sein, solche Bitten sind dem Vater im Himmel angenehm und erhöret. Denn er selbst hat uns geboten, also zu beten, und verheißen, daß er uns will erhören. Amen. Amen, das heißt: Ja, ja, es soll also geschehen.

68. Wozu dient dieser Beschluß?
Uns der Erhörung unsers Gebetes gewiß zu machen.

69. Warum sprichst du: Denn dein ist das Reich?
Weil ja Gott gewißlich, wenn sein das Reich ist, sich unser als seiner Reichsgenossen annehmen und uns erhören muß.

Ps 94, 14. Der Herr wird sein Volk nicht verstoßen noch sein Erbe verlassen.

70. Und warum: Dein ist die Kraft?
Weil Gott, wenn sein die Kraft ist, unser Gebet erhören und uns helfen kann.

Ps 115, 3. Unser Gott ist im Himmel; er kann schaffen, was er will.

71. Warum endlich: Dein ist die Herrlichkeit?
Weil Gott, wenn sein die Herrlichkeit ist, das Gebet der Seinigen gewißlich erhören wird, wie solches zu seines Namens Preis und Ehre gereicht.

Ps 79, 9. Hilf du uns, Gott, unser Helfer, um deines Namens Ehre willen; errette uns und vergib uns unsere Sünde um deines Namens willen.

72. Und warum fügst du zu dem allem hinzu: In Ewigkeit?
Zu bezeugen, daß das Reich und die Kraft und die Herrlichkeit unsers Gottes nicht vergänglich ist, sondern dauert und währt ohne alles Ende und Aufhören; darum auch Gott unsere Zuflucht bleibet für und für.

Ps 90, 2. Herr Gott, du bist unsre Zuflucht für und für. Ehe denn die Berge wurden und die Erde und die Welt geschaffen wurden, bist du, Gott, von Ewigkeit zu Ewigkeit.

73. *Was heißt Amen?*
Daß ich soll gewiß sein, solche Bitten sind dem Vater im Himmel angenehm und erhöret.

Ps 65, 3. Du erhörst Gebet; darum kommt alles Fleisch zu dir.

74. *Woher hast du solche Gewißheit?*
Gott selbst hat uns geboten, also zu beten, und verheißen, daß er uns will erhören.

75. *Wie kannst du also dein Gebet beschließen?*
Mit dem Worte: Amen, Amen! das heißt: Ja, ja, es soll also geschehen.

2. Kor 1, 20. Alle Gottesverheißungen sind Ja in ihm und sind Amen in ihm, Gott zu Lobe durch uns.

Eph 3, 20. 21. Dem, der überschwenglich tun kann über alles, das wir bitten oder verstehen, nach der Kraft, die da in uns wirkt, dem sei Ehre in der Gemeinde, die in Christo Jesu ist, zu aller Zeit von Ewigkeit zu Ewigkeit! Amen.

Das vierte Hauptstück

Das Sakrament der heiligen Taufe

1. Was sind die Sakramente des Neuen Testaments?
Heilige Handlungen, von Christo selbst gestiftet, und mit Verheißung seiner Gnade der Kirche befohlen, da unter sichtbaren irdischen Zeichen unsichtbare himmlische Gnadengüter einem jeden besonders dargereicht und zugeeignet werden, daß er sich ihrer im Glauben getröste.

2. Wieviel Sakramente des neuen Bundes gibt es?
Zwei, die heilige Taufe und das heilige Abendmahl.

3. Was lehrt uns der Katechismus von der Taufe?
Viererlei: was die Taufe ist und was sie nützt; wie das Wasser so große Dinge tun kann, und was das Wassertaufen bedeutet.

1.

Was ist die Taufe?
Die Taufe ist nicht allein schlicht Wasser, sondern sie ist das Wasser in Gottes Gebot gefasset und mit Gottes Wort verbunden.

Welches ist denn solch Wort Gottes?
Da unser Herr Christus spricht Matthäus im letzten Kapitel:
Gehet hin in alle Welt, lehret alle Völker und taufet sie im Namen des Vaters und des Sohnes und des Heiligen Geistes.

4. Warum ist die Taufe nicht allein schlicht Wasser?
Weil durch die Stiftung des Sohnes Gottes zu dem Wasser das Gebot und Wort Gottes hinzukommt und es zur Taufe macht.

5. Warum nennst du sie das Wasser in Gottes Gebot gefaßt?
Weil der Sohn Gottes mit Wasser zu taufen befohlen und solches Taufen zu einer beständigen Ordnung in seiner Kirche gemacht hat.

6. Warum nennst du sie das Wasser mit Gottes Wort verbunden?
Weil der Name des Vaters und des Sohnes und des Heiligen Geistes mit und bei dem Wasser ist, darum auch der dreieinige Gott, in der Taufe gegenwärtig, mit uns in Bund und Gemeinschaft tritt.

7. Wie heißt darum die Taufe?
Das Wasserbad im Wort.

Eph 5, 25. 26. Christus hat geliebt die Gemeinde und hat sich selbst für sie gegeben, auf daß er sie heiligte, und hat sie gereinigt durch das Wasserbad im Wort.

8. Wie bist du denn getauft?
Nach Christi Befehl und nach Ordnung der heiligen christlichen Kirche von alters her, da mich meine Gevattern (d. h. Taufpaten) zur Taufe gehalten, der Täufer mit Wasser begossen und mit Namen also angeredet hat und gesprochen: Ich taufe dich im Namen des Vaters und des Sohnes und des Heiligen Geistes.

9. Warum bist du gleich in deiner ersten Kindheit getauft?
Weil mir um meiner sündlichen Geburt willen die Wiedergeburt aus Wasser und Geist hochnötig war, auch das Gebot Christi niemand ausnimmt, sondern alle, die in das Reich Gottes nach seiner Ordnung eingehen wollen, getauft werden müssen, das Reich Gottes aber namentlich auch den Kindern verheißen ist.

Joh 3, 5. 6. Wahrlich, wahrlich, ich sage dir, es sei denn, daß jemand geboren werde aus Wasser und Geist, so kann er nicht in das Reich Gottes kommen. Was vom Fleisch geboren wird, das ist Fleisch, und was vom Geist geboren wird, das ist Geist.

Mk 10, 14. 15. Lasset die Kindlein zu mir kommen und wehret ihnen nicht; denn solcher ist das Reich Gottes. Wahrlich, ich sage euch, wer das Reich Gottes nicht empfängt wie ein Kindlein, der wird nicht hineinkommen.

10. Wie nimmt sich die Kirche der getauften Kinder danach an?
Sie sieht darauf, daß dieselben öffentlich in Kirche und Schule und daheim von den Eltern und Gevattern

christlich auferzogen und in den Hauptstücken der Lehre unterwiesen werden, bis sie dieselben zur Konfirmation zulassen kann.

Mt 28, 19. 20. Taufet sie im Namen des Vaters und des Sohnes und des Heiligen Geistes und lehret sie halten alles, was ich euch befohlen habe.

1. Petr 2, 2. Seid begierig nach der vernünftigen, lauteren Milch als die jetzt gebornen Kindlein, auf daß ihr durch dieselbe zunehmet.

11. Wie geschieht die Konfirmation?
So, daß die getauften Kinder den Glauben ihrer Taufe öffentlich bekennen, auch in dem Gehorsam dieses Glaubens beständig bleiben zu wollen geloben und alsdann durch das Gebet der christlichen Kirche mit den Gaben des Heiligen Geistes in solchem Glauben und Bekenntnis gestärkt und bestätigt und zum heiligen Abendmahl zugelassen werden.

1. Petr 3, 15. Seid aber allzeit bereit zur Verantwortung jedermann, der Grund fordert der Hoffnung, die in euch ist.

1. Tim 6, 12. Kämpfe den guten Kampf des Glaubens; ergreife das ewige Leben, dazu du auch berufen bist und bekannt hast ein gutes Bekenntnis vor vielen Zeugen.

Eph 3, 14 - 17. Ich beuge meine Knie vor dem Vater unsers Herrn Jesu Christi, der der rechte Vater ist über alles, was da Kinder heißt im Himmel und auf Erden, daß er euch Kraft gebe nach dem Reichtum seiner Herrlichkeit, stark zu werden durch seinen Geist an dem inwendigen Menschen, daß Christus wohne durch den Glauben in euren Herzen, und ihr durch die Liebe eingewurzelt und gegründet werdet.

2.

Was gibt oder nützt die Taufe?
Sie wirket Vergebung der Sünden, erlöset vom Tod und Teufel und gibt die ewige Seligkeit allen, die es glauben, wie die Worte und Verheißung Gottes lauten.

Welches sind denn solche Worte und Verheißung Gottes?
Da unser Herr Christus spricht Markus im letzten Kapitel:
Wer da glaubet und getauft wird, der wird selig werden; wer aber nicht glaubet, der wird verdammt werden.

12. Wie wirkt die Taufe Vergebung der Sünden?
Weil wir in der Taufe Christum anziehen, so werden wir mit seiner Gerechtigkeit bekleidet und von unsern Sünden gewaschen.

Gal 3, 27. Wieviel euer getauft sind, die haben Christum angezogen.

Apg 2, 38. Tut Buße und lasse sich ein jeglicher taufen auf den Namen Jesu Christi zur Vergebung der Sünden, so werdet ihr empfangen die Gabe des Heiligen Geistes.

1. Kor 6, 11. Ihr seid abgewaschen, ihr seid geheiligt, ihr seid gerecht geworden durch den Namen des Herrn Jesu und durch den Geist unseres Gottes.

13. Wie erlöst sie vom Tode?
Weil wir in der Taufe Vergebung der Sünden erlangen, so ist dem Tode der Stachel genommen, daß der zeitliche Tod uns nicht schrecken und der ewige Tod uns nicht verderben kann.

1. Kor 15, 56. 57. Der Stachel des Todes ist die Sünde; die Kraft aber der Sünde ist das Gesetz. Gott aber sei Dank, der uns den Sieg gegeben hat durch unsern Herrn Jesum Christum.

14. Wie erlöst sie von der Gewalt des Teufels?
Sie versetzt uns aus des Teufels Reich und Herrschaft in das Reich des Sohnes Gottes; darum auch ein jeder in und mit der Taufe dem Teufel und allen seinen Werken und allem seinem Wesen absagt.

Kol 1, 12-14. Danksaget dem Vater, der uns tüchtig gemacht hat zu dem Erbteil der Heiligen im Licht, welcher uns errettet hat von der Obrigkeit der Finsternis und hat uns versetzt in das Reich seines lieben Sohnes, an welchem wir haben die Erlösung durch sein Blut, nämlich die Vergebung der Sünden.

15. Wie gibt sie die ewige Seligkeit?
Weil wir durch die Taufe wiedergeboren werden zu Kindern Gottes, so macht sie uns auch zu Erben des ewigen Lebens.

Tit 3, 5. Gott macht uns selig durch das Bad der Wiedergeburt und Erneuerung des Heiligen Geistes.

16. Bei welchen wirkt sie solches?
Bei allen, die das glauben, wie die Worte und Verheißung Gottes lauten.

3.

Wie kann Wasser solche großen Dinge tun?
Wasser tut's freilich nicht, sondern das Wort Gottes, so mit und bei dem Wasser ist, und der Glaube, so solchem Worte Gottes im Wasser trauet. Denn ohne Gottes Wort ist das Wasser schlichtes einfaches Wasser und keine Taufe; aber mit dem Worte Gottes ist es eine Taufe, das ist ein gnadenreich Wasser des Lebens und ein Bad der neuen Geburt im Heiligen Geist, wie St. Paulus sagt zu Titus im 3. Kapitel:
Gott macht uns selig durch das Bad der Wiedergeburt und Erneuerung des Heiligen Geistes, welchen er ausgegossen hat über uns reichlich durch Jesum Christum, unsern Heiland, auf daß wir durch desselben Gnade gerecht und Erben seien des ewigen Lebens nach der Hoffnung. Das ist gewißlich wahr.

17. Was gehört also dazu, daß die Taufe solches wirke?
Auf Gottes Seite sein Wort, so mit und bei dem Wasser ist; auf unserer Seite der Glaube, so solchem Wort Gottes im Wasser trauet.

18. Was ist das Wasser OHNE Gottes Wort?
Schlicht Wasser und keine Taufe, wenn nämlich das Wort Gottes nicht dazu kommt oder auch das Wasser außer dem Sakrament (d.h. auch noch zu anderen Zwecken außer der Taufe) gebraucht wird.

19. Was ist es dagegen MIT dem Wort Gottes?
Mit dem Wort Gottes ist es eine Taufe, das ist ein gnadenreich Wasser des Lebens und ein Bad der neuen Geburt im Heiligen Geist.

20. Warum ist es gnadenreich Wasser des Lebens?
Weil wir in der Taufe mit dem geistlichen Leben, das aus Gott ist, zu dem ewigen Leben begnadigt werden.

21. Warum ist es ein Bad der neuen Geburt im Heiligen Geist?
Weil wir in Kraft und Wirkung des Heiligen Geistes durch die Taufe wiedergeboren und erneuert werden zu Kindern Gottes und Erben des ewigen Lebens.

4.

Was bedeutet denn solch Wassertaufen?
Es bedeutet, daß der alte Adam in uns durch tägliche Reue und Buße soll ersäufet werden und sterben mit

allen Sünden und bösen Lüsten, und wiederum täglich herauskommen und auferstehen ein neuer Mensch, der in Gerechtigkeit und Reinigkeit vor Gott ewiglich lebe.

Wo stehet das geschrieben?
St. Paulus zu den Römern am sechsten spricht:
Wir sind samt Christo durch die Taufe begraben in den Tod, auf daß, gleichwie Christus ist von den Toten auferwecket durch die Herrlichkeit des Vaters, also sollen wir auch in einem neuen Leben wandeln.

22. Was ist der alte Adam?
Es ist die fleischliche Natur, in welcher wir von Adam her geboren werden und immer noch sündigen, solange wir leben.

Röm 7, 18. Ich weiß, daß in mir, das ist in meinem Fleisch, wohnt nichts Gutes.

Eph 4, 22. So leget nun von euch ab nach dem vorigen Wandel den alten Menschen, der durch Lüste in Irrtum sich verderbt.

23. Wie soll der alte Adam in uns ersäufet werden?
Durch tägliche Reue und Buße, da wir die Gnade der heiligen Taufe zur Unterdrückung und Überwindung aller Sünden und bösen Lüste beständig brauchen.

Gal 5, 24. Welche Christo angehören, die kreuzigen ihr Fleisch samt den Lüsten und Begierden.

Viertes Hauptstück. Die Taufe

24. Was ist der neue Mensch?
Es ist die neue Kreatur, welche in der Taufe durch den Heiligen Geist nach dem Ebenbilde Gottes in uns geschaffen ist.

Eph 4, 23. 24. Erneuert euch im Geist eures Gemüts und ziehet den neuen Menschen an, der nach Gott geschaffen ist in rechtschaffener Gerechtigkeit und Heiligkeit.

25. Wie soll der neue Mensch herauskommen und auferstehen?
Durch tägliche Erneuerung, da wir die Gnade der heiligen Taufe zur Übung des neuen Gehorsams in Gerechtigkeit und Reinigkeit vor Gott beständig gebrauchen.

26. Wie belehrt uns darüber der Apostel Paulus?
Er weist uns mit der Tötung des alten Adams in uns auf Christi Tod und Begräbnis, dagegen mit unserm neuen Leben und Wandel auf die Auferstehung Christi.

27. Wie weist er uns auf Christi Tod und Begräbnis?
Gleichwie Christus um unserer Sünden willen gestorben und begraben ist, also sind wir durch die heilige Taufe verpflichtet, die Sünde geistlicherweise stets zu töten und zu begraben, damit sie nicht herausbreche und über uns herrsche.

Röm 6, 6. 12. 13. Wir wissen, daß unser alter Mensch samt ihm gekreuzigt ist, auf daß der sündliche Leib aufhöre, daß wir hinfort der Sünde nicht dienen. — So lasset nun die Sünde nicht herrschen in eurem sterblichen Leibe, ihm Gehorsam zu leisten in seinen Lüsten. Auch begebet nicht der Sünde eure Glieder zu Waffen der Ungerechtigkeit, sondern begebet euch selbst Gott, als die da aus den Toten lebendig sind, und eure Glieder Gott zu Waffen der Gerechtigkeit.

28. Wie weist er uns auf die Auferstehung Christi?
Gleichwie Christus leiblich auferweckt worden ist durch die Herrlichkeit des Vaters, also sollen auch wir durch Hilfe und Beistand des Heiligen Geistes alle Tage geistlich auferstehen und in einem neuen Leben wandeln.

Phil 3, 10. 11. Zu erkennen ihn und die Kraft seiner Auferstehung und die Gemeinschaft seiner Leiden, daß ich seinem Tode ähnlich werde, damit ich entgegenkomme zur Auferstehung der Toten.

Eph 2, 5. 6. Da wir tot waren in den Sünden, hat er uns samt Christo lebendig gemacht (denn aus Gnaden seid ihr selig geworden), und hat uns samt ihm auferweckt und samt ihm in das himmlische Wesen gesetzt in Christo Jesu.

Das fünfte Hauptstück

Das Sakrament des Altars

1. Wie heißt das zweite Sakrament des Neuen Testaments?
Das Abendmahl des Herrn oder das Sakrament des Altars.

2. Warum heißt es das Abendmahl des Herrn?
Weil es von unserm Seligmacher am Abend vor seinem bittern Leiden und Sterben eingesetzt wurde und ein hochheiliges Mahl ist, da uns der Sohn Gottes selbst als an seinem Tisch wunderbar speist und tränkt.

3. Warum heißt es das Sakrament des Altars?
Weil es von alters her nach löblicher Ordnung und Sitte der Christenheit in der Kirche am Altar gefeiert wird.

4. Was lehrt uns der Katechismus vom heiligen Abendmahl?
Viererlei: was es ist und was es nützt; wie Essen und Trinken so große Dinge tun kann, und wer das Sakrament würdig empfängt.

1.

Was ist das Sakrament des Altars?
Es ist der wahre Leib und Blut unsers Herrn Jesu Christi, unter dem Brot und Wein uns Christen zu essen und zu trinken von Christo selbst eingesetzt.

Wo steht das geschrieben?
So schreiben die heiligen Evangelisten Matthäus, Markus, Lukas und St. Paulus:
Unser Herr Jesus Christus in der Nacht, da er verraten ward, nahm er das Brot, dankte und brach's und gab's seinen Jüngern und sprach: Nehmet hin und esset; das ist mein Leib, der für euch gegeben wird. Solches tut zu meinem Gedächtnis.
Desselbigengleichen nahm er auch den Kelch nach dem Abendmahl, dankte und gab ihnen den und sprach: Trinket alle daraus; dieser Kelch ist das neue Testament in meinem Blut, das für euch vergossen wird zur Vergebung der Sünden. Solches tut, so oft ihr's trinket, zu meinem Gedächtnis.

5. Was empfangen wir im heiligen Abendmahl?
Wir essen ein gesegnetes Brot und den wahren Leib Christi und trinken den gesegneten Wein und das wahre Blut Christi.

1. Kor 10, 16. Der gesegnete Kelch, welchen wir segnen, ist der nicht die Gemeinschaft des Blutes Christi? Das Brot, das wir brechen, ist das nicht die Gemeinschaft des Leibes Christi?

6. Woher weißt du das?

Aus den klaren Worten der Einsetzung, da der Herr das Brot nahm und sprach: Nehmet hin und esset; das ist mein Leib, der für euch gegeben wird; — desgleichen den Kelch und sprach: Trinket alle daraus; dieser Kelch ist das neue Testament in meinem Blut, das für euch vergossen wird zur Vergebung der Sünden.

7. Warum heißt Brot und Wein im Abendmahl gesegnet?

Weil der Herr Brot und Wein nahm und ein Dankgebet darüber sprach und die Kirche tut, wie er getan hat, nimmt und betet und mit den Worten der Einsetzung Brot und Wein segnet oder konsekriert.

8. Was sagen die Worte: Dieser Kelch ist das neue Testament in meinem Blut?

Daß wir durch das Blut Christi, welches wir hier empfangen, in der Gnade des neuen Bundes bestätigt werden.

9. Für wen hat der Herr das heilige Abendmahl eingesetzt?

Für seine Jünger und alle Christen, welche nach ihrer Taufe so weit im Glauben unterwiesen sind, daß sie das Gedächtnis Christi halten und sich prüfen und bereiten können.

1. Kor 11, 28. Der Mensch prüfe sich selbst und also esse er von diesem Brot und trinke von diesem Kelch.

10. Denn was hat er dabei ausdrücklich befohlen?

Daß wir sollen essen und trinken zu seinem Gedächtnis.

11. Was erkennen wir aus diesem Befehl?
Daß der Herr uns seinen Leib und Blut einzig und allein zum sakramentlichen Gebrauch mit Essen und Trinken zu seinem Gedächtnis gibt.

12. Was ist solches Gedächtnis?
Es ist eine gläubige Wiederholung und dankbare Betrachtung, nicht nur der gnädigen Verheißung des Herrn von der wahren Gegenwart seines Leibes und Blutes im Abendmahl, sondern auch seines Leidens und Sterbens und der dadurch uns erworbenen Wohltaten.

1. Kor 11, 26. Sooft ihr von diesem Brot esset und von diesem Kelch trinket, sollt ihr des Herrn Tod verkündigen, bis daß er kommt.

2.

Was nützet denn solch Essen und Trinken?
Das zeigen uns diese Worte:
Für euch gegeben und vergossen zur Vergebung der Sünden;
nämlich, daß uns im Sakrament Vergebung der Sünden, Leben und Seligkeit durch solche Worte gegeben wird; denn wo Vergebung der Sünden ist, da ist auch Leben und Seligkeit.

13. Worin besteht also der Nutzen des heiligen Abendmahls?
In Vergebung der Sünden.

14. Woher weißt du das?
Aus den Worten der Einsetzung: Für euch gegeben und vergossen zur Vergebung der Sünden.

15. Was ist für uns gegeben und vergossen?
Des Herrn Jesu Leib ist für uns in den Tod des Kreuzes gegeben, und sein teures Blut ist für uns vergossen.

16. Was folgt aber auf die Vergebung der Sünden?
Das Leben und die Seligkeit; denn: — Wo Vergebung der Sünden ist, da ist auch Leben und Seligkeit.

Röm 6, 22. Nun ihr seid von der Sünde frei und Gottes Knechte geworden, habt ihr eure Furcht, daß ihr heilig werdet, das Ende aber das ewige Leben.

17. Warum gehst du denn zum heiligen Abendmahl?
Daß ich in meinem Glauben gestärkt und der Vergebung meiner Sünden versichert werde.

18. Wie geschieht solches?
Durch die Zueignung des Verdienstes Christi, die Versiegelung der göttlichen Gnade und die geistliche Einverleibung in Christum.

19. Wie eignen wir uns das Verdienst Christi zu?
Wir getrösten uns dessen im Glauben, daß der Leib, den wir essen, für uns in den Tod gegeben, das Blut, das wir trinken, für unsere Sünden vergossen sei.

20. Wie wird uns Gottes Gnade versiegelt?
Wir empfangen in dem Leib und Blut des Herrn mit unserm Mund ein solch teures Pfand, daß wir keine Ursache haben, an Gottes Gnade und Liebe zu zweifeln.

21. Wie werden wir Christo einverleibt?
Wir werden durch den heilsamen Genuß dieses Sakraments mit ihm so vereinigt, daß er in uns ist und wir in ihm, so daß durch solche Kommunion und geistliche Gemeinschaft alle Gläubigen mit Christo, ihrem Haupt, und untereinander wie zu Einem Leibe verbunden werden in der Liebe.

1. Kor 10, 17. Ein Brot ist's, so sind wir viele Ein Leib, dieweil wir alle Eines Brotes teilhaftig sind.

3.

Wie kann leiblich Essen und Trinken solche großen Dinge tun?
Essen und Trinken tut's freilich nicht, sondern die Worte, so da stehen:
Für euch gegeben und vergossen zur Vergebung der Sünden.
Diese Worte sind neben dem leiblichen Essen und Trinken das Hauptstück im Sakrament. Und wer denselbigen Worten glaubt, der hat, was sie sagen und wie sie lauten, nämlich Vergebung der Sünden.

22. Warum sagst du: Essen und Trinken tut's freilich nicht?
Weil Essen und Trinken ohne Gottes Wort kein Sakrament ist und auch mit Gottes Wort uns nicht nützt, wenn wir solchem Wort nicht glauben.

23. Was gibt denn dem Essen und Trinken die Kraft, solche großen Dinge zu tun?
Auf Gottes Seite tun es die Worte der göttlichen Verheißung, auf unserer Seite aber tut es der Glaube.

24. Welches sind die Worte der Verheißung?
Für euch gegeben und vergossen zur Vergebung der Sünden. Denn dadurch wird das Abendmahl zu einem gnadenreichen Sakrament gemacht und zur heilsamen Gemeinschaft des Leibes und Blutes Christi.

25. Ist an solchen Worten so viel gelegen?
O ja, denn sie sind neben dem leiblichen Essen und Trinken das Hauptstück im Sakrament.

26. Warum heißen sie das Hauptstück?
Nicht was das Wesen und den Inhalt des Sakraments, sondern was den Nutzen und die Frucht betrifft.

27. Wodurch erlangen wir aber solchen Nutzen?
Allein durch den Glauben. Denn: Wer denselben Worten glaubt und dessen in seinem Herzen versichert ist, daß der Leib Christi für ihn in den Tod gegeben und sein Blut für ihn vergossen sei, der hat, was die Worte sagen und wie sie lauten, nämlich Vergebung der Sünden.

4.

Wer empfängt denn solch Sakrament würdiglich?
Fasten und leiblich sich bereiten ist wohl eine feine äußerliche Zucht, aber der ist recht würdig und wohl geschickt, wer den Glauben hat an diese Worte:
Für euch gegeben und vergossen zur Vergebung der Sünden.
Wer aber diesen Worten nicht glaubt oder zweifelt, der ist unwürdig und ungeschickt; denn das Wort
»Für euch«
fordert eitel gläubige Herzen.

28. Worin besteht die äußerliche Zucht?
Im Fasten und leiblich Sichbereiten, daß wir uns mäßig und nüchtern halten, alle weltliche Pracht und Zerstreuung meiden und in bescheidener, geziemender Kleidung mit großer Ehrerbietung hinzutreten und das hochwürdige Sakrament empfangen.

1. Kor 14, 40. Lasset alles ehrbar und ordentlich zugehen.

1. Petr 4, 8. Seid mäßig und nüchtern zum Gebet.

29. Wer aber ist recht würdig?
Der ist recht würdig und wohl geschickt, wer den Glauben hat an diese Worte: Für euch gegeben und vergossen zur Vergebung der Sünden.

30. Wer ist dagegen unwürdig?
Wer diesen Worten nicht glaubt oder zweifelt, der ist unwürdig und ungeschickt.

31. Warum ist ein solcher unwürdig und ungeschickt?
Weil das Wort:
»Für euch«
eitel gläubige Herzen fordert, das heißt solche Herzen, die fest dafür halten, der Leib Christi sei für sie gegeben und sein Blut für sie vergossen.

32. Wie versündigt sich, wer das heilige Abendmahl unwürdig genießt?
Er macht sich schuldig an dem Leib und Blut des Herrn und ißt und trinkt sich selber das Gericht.

1. Kor 11, 27. 29. Welcher unwürdig von diesem Brot isset oder von dem Kelch des Herrn trinket, der ist schuldig an dem Leib und Blut des Herrn. — Der Mensch prüfe aber sich selbst und also esse er von diesem Brot und trinke von diesem Kelch. Denn welcher unwürdig ißt und trinkt, der isset und trinket sich selber zum Gericht, damit daß er nicht unterscheidet den Leib des Herrn.

33. Was haben wir also vor der Feier des Sakraments zu tun?
Wir müssen mit großem Fleiß und andächtigem Gebet ein jeglicher sich selbst prüfen und in wahrer Bußfertigkeit uns mit Gott und allen Menschen versöhnen und also im Glauben getrost hinzugehen.

Ps 139, 23. 24. Erforsche mich, Gott, und erfahre mein Herz; prüfe mich und erfahre, wie ich's meine. Und siehe, ob ich auf bösem Wege bin, und leite mich auf ewigem Wege.

Mt 5, 6. Selig sind, die da hungert und dürstet nach der Gerechtigkeit; denn sie sollen satt werden.

Mt 5, 23. 24. Wenn du deine Gabe auf dem Altar opferst, und wirst allda eingedenk, daß dein Bruder etwas wider dich habe, so laß allda vor dem Altar deine Gabe und geh zuvor hin und versöhne dich mit deinem Bruder, und alsdann komm und opfere deine Gabe.

Mt 11, 28-30. Kommet her zu mir alle, die ihr mühselig und beladen seid; ich will euch erquicken. Nehmet auf euch mein Joch und lernet von mir; denn ich bin sanftmütig und von Herzen demütig, so werdet ihr Ruhe finden für eure Seelen. Denn mein Joch ist sanft, und meine Last ist leicht.

Hebr 10, 19. 22. So wir nun haben, liebe Brüder, die Freudigkeit zum Eingang in das Heilige durch das Blut Jesu, so lasset uns hinzugehen mit wahrhaftigem Herzen und los von dem bösen Gewissen und gewaschen am Leibe mit reinem Wasser.

Weitere Zugaben

zur Übung in der Gottseligkeit

1.

Die Haustafel

etlicher Sprüche für allerlei heilige Stände, dadurch dieselben ihres Amtes und Dienstes zu ermahnen.

1. Was enthält die Haustafel?
Etliche Sprüche für allerlei heilige Stände.

2. Was sind denn solch heilige Stände?
Es sind die unterschiedlichen Ordnungen der Menschen, welche Gott gesetzt und durch sein Wort geheiligt hat, daß ein jeder seinen festen Grund und sonderlichen Dienst in der Welt habe.

3. Welches sind diese Stände?
Der geistliche oder Lehrstand, der obrigkeitliche oder Wehrstand, der häusliche oder Nährstand, in ihren mannigfaltigen Abteilungen und Verbindungen.

4. Wozu werden ihnen die Sprüche der Haustafel vorgehalten?
Daß sie ihre eigene Lektion (d. h. ihre eigenen Pflichten) und sonderliche Aufgabe aus dem Worte Gottes

haben und dadurch ermahnt werden, ihres Amtes und Dienstes in der Welt wohl und christlich zu warten.

5. Ist denn solches so wichtig?
Allerdings. Wenn jedermann erkennt, daß sein Stand von Gott erschaffen und geordnet ist, auch nach Gottes Wohlgefallen darin wandelt, so wird dadurch Gott geehrt, das Leben und alle Arbeit in der Welt geheiligt und der Menschen Wohlfahrt und Zufriedenheit begründet.

6. Wohin gehört die Haustafel?
Zu den Tafeln des Gesetzes, den heiligen zehn Geboten, welche dadurch in eines jeden Haus und Beruf zur täglichen Befolgung gehören.

7. Wie lautet sie?
Sie lautet folgendermaßen.
Den Bischöfen, Pfarrherren und Predigern
Ein Bischof soll unsträflich sein. Eines Weibes Mann, nüchtern, mäßig, anständig, gastfrei, lehrhaftig; nicht ein Weinsäufer, nicht raufen, nicht unehrliche Hantierung treiben, sondern gelinde, nicht zänkisch, nicht geizig; der seinem eigenen Hause wohl vorstehe, der gehorsame Kinder habe mit aller Ehrbarkeit; nicht ein Neuling; der an dem Wort halte, das gewiß ist und lehren kann, auf daß er mächtig sei, zu ermahnen durch die heilsame Lehre und zu strafen die Widersprecher. 1. Tim 3, Tit 1.

Was die Zuhörer ihren Lehrern und Seelsorgern zu tun schuldig sind

Der Herr hat befohlen, daß, die das Evangelium verkündigen, sollen sich vom Evangelium nähren. 1. Kor 9.

Der unterrichtet wird mit dem Wort, der teile mit allerlei Gutes dem, der ihn unterrichtet. Gal 6.

Die Ältesten, die wohl vorstehen, die halte man zwiefacher Ehre wert, sonderlich die da arbeiten im Wort und in der Lehre. Denn es spricht die Schrift: Ein Arbeiter ist seines Lohnes wert. 1. Tim 5.

Wir bitten euch, liebe Brüder, daß ihr erkennet, die an euch arbeiten und euch vorstehen in dem Herrn und euch ermahnen. Habt sie desto lieber um ihres Werkes willen und seid friedsam mit ihnen. 1. Thess 5.

Gehorchet euren Lehrern und folget ihnen, denn sie wachen über eure Seelen, als die da Rechenschaft dafür geben sollen, auf daß sie das mit Freuden tun und nicht mit Seufzen; denn das ist euch nicht gut. Hebr 13.

Von weltlicher Obrigkeit

Jedermann sei untertan der Obrigkeit, die Gewalt über ihn hat. Denn es ist keine Obrigkeit ohne von Gott; wo aber Obrigkeit ist, die ist von Gott verordnet. Wer sich nun der Obrigkeit widersetzt, der widerstrebt Gottes Ordnung. Die aber widerstreben, werden über sich ein Urteil empfangen; denn sie trägt das Schwert nicht umsonst; sie ist Gottes Dienerin, eine Rächerin zur Strafe über den, der Böses tut. Röm 13.

Von den Untertanen
Gebet dem Kaiser, was des Kaisers ist, und Gott, was Gottes ist. Mt 22.

Darum ist's not, untertan zu sein, nicht allein um der Strafe willen, sondern auch um des Gewissens willen. Derhalben müßt ihr auch Schoß geben, denn sie sind Gottes Diener, die solchen Schutz sollen handhaben. So gebet nun jedermann, was ihr schuldig seid: Schoß (d. h. Steuern), dem der Schoß gebührt; Zoll, dem der Zoll gebührt; Furcht, dem die Furcht gebührt; Ehre, dem die Ehre gebührt. Röm 13.

So ermahne ich nun, daß man vor allen Dingen zuerst tue Bitte, Gebet, Fürbitte und Danksagung für alle Menschen, für die Könige und für alle Obrigkeit, auf daß wir ein geruhiges und stilles Leben führen mögen in aller Gottseligkeit und Ehrbarkeit; denn solches ist gut, dazu auch angenehm vor Gott, unserm Heiland. 1. Tim 2.

Erinnere sie, daß sie den Fürsten und der Obrigkeit untertan und gehorsam seien. Tit 3.

Seid untertan aller menschlichen Ordnung um des Herrn willen, es sei dem Könige als dem Obersten oder den Hauptleuten als die von ihm gesandt sind zur Rache über die Übeltäter und zu Lobe den Frommen. 1. Petr 2.

Den Ehemännern

Ihr Männer, wohnet bei euren Weibern mit Vernunft und gebet dem weiblichen als dem schwächeren Werkzeug seine Ehre, als die auch Miterben der Gnade des Lebens sind, auf daß euer Gebet nicht verhindert werde. 1. Petr 3.

Ihr Männer, liebet eure Weiber und seid nicht bitter gegen sie. Kol 3

Den Ehefrauen

Die Weiber seien untertan ihren Männern als dem Herrn, wie Sara Abraham gehorsam war und hieß ihn Herr, welcher Töchter ihr geworden seid, so ihr wohltut und euch nicht lasset schüchtern machen (d. h. durch Ungläubige einschüchtern). Eph 5, 1. Petr 3.

Den Eltern

Ihr Väter, reizet eure Kinder nicht zum Zorn, daß sie nicht scheu werden, sondern ziehet sie auf in der Zucht und Vermahnung zum Herrn. Eph 6, Kol 3.

Den Kindern

Ihr Kinder, seid gehorsam euren Eltern in dem Herrn; denn das ist billig. Ehre Vater und Mutter; das ist das erste Gebot, das Verheißung hat: Auf daß dir's wohl gehe, und du lange lebest auf Erden. Eph 6.

Den Knechten, Mägden, Tagelöhnern und Arbeitern

Ihr Knechte, seid gehorsam euren leiblichen Herren mit Furcht und Zittern, in Einfalt eures Herzens, als Christo, nicht mit Dienst allein vor Augen, als den Menschen zu gefallen, sondern als die Knechte Christi, daß ihr solchen Willen Gottes tut von Herzen mit gutem Willen. Lasset euch dünken, daß ihr dem Herrn dienet und nicht den Menschen und wisset, was ein jeglicher Gutes tun wird, das wird er von dem Herrn empfangen, er sei ein Knecht oder ein Freier. Eph 6.

Den Hausherren und Hausfrauen

Ihr Herren, tut auch dasselbe gegen sie und lasset das Drohen und wisset, daß ihr auch einen Herrn im Himmel habt, und ist bei ihm kein Ansehen der Person. Eph 6.

Der gemeinen Jugend

Ihr Jungen, seid den Alten untertan und beweiset darin die Demut; denn Gott widersteht den Hoffärtigen, aber den Demütigen gibt er Gnade. So demütigt euch nun unter die gewaltige Hand Gottes, daß er euch erhöhe zu seiner Zeit. 1. Petr 5.

Den Witwen

Welche eine rechte Witwe und einsam ist, die stellt ihre Hoffnung auf Gott und bleibt am Gebet und Flehen Tag und Nacht. Welche aber in Wollüsten lebt, die ist lebendig tot. 1. Tim 5.

Der Gemeinde

Liebe deinen Nächsten wie dich selbst: in diesem Wort sind alle Gebote zusammengefaßt. Röm 13.

Und haltet an mit Beten für alle Menschen. 1. Tim 2.
Ein jeder lerne sein Lektion,
so wird es wohl im Hause stohn.

2.

Die Symbole der christlichen Kirche

1. Was ist ein Symbol?
Es ist ein Bekenntnis und öffentliches Zeugnis des Glaubens.

2. Wohin gehört also der Unterricht von den Symbolen?
Zum zweiten Hauptstück.

3. Welches sind die vornehmsten Bekenntnisse der christlichen Kirche?
Die drei Hauptsymbole des christlichen Glaubens, das apostolische, nicänische und athanasianische.

4. Wozu dienen dieselben?
Als öffentliche Bekenntnisse der Kirche Christi den rechten Glauben aus Gottes Wort zu bezeugen und irrige Lehre zu verwerfen.

5. Warum sind später auch andere Bekenntnisse aufgestellt?
Weil die Christen nicht in der Einfältigkeit und Einhelligkeit des rechten Glaubens geblieben sind und also die Kirche neue Irrlehren abzuwehren und die erkannte Wahrheit sorgfältiger festzustellen hatte.

6. Was war die Folge von solchen Kämpfen um den rechten Glauben wider irrige Lehre?
Daß die heilige christliche Kirche in mehrere Kirchengemeinschaften zerfiel, deren jede ihre besonderen Bekenntnisse aufstellte.

7. Wieviel christliche Kirchen gibt es denn?
Es ist nur Eine heilige christliche apostolische Kirche, erbaut auf den Grund der Apostel und Propheten, da Jesus Christus der Eckstein ist.

8. Bekennst du dich denn auch zu dieser einigen Kirche?
Ich bekenne mich zu ihr und will mich durch Gottes Gnade zu ihr bekennen, solange ich lebe, weil ich von keiner andern weiß als von dieser Einen Kirche, die da ist der Leib Christi, und Er ist ihr Haupt.

9. Welcher besonderen Kirchengemeinschaft gehörst du denn an?

Durch Gottes Gnade der evangelisch-lutherischen Kirche, welche den rechten einigen Glauben aus Gottes Wort rein und lauter hält und lehrt.

10. Welches sind denn die Bekenntnisse unserer evangelisch-lutherischen Kirche?
Die Augsburgische Confession samt deren Apologie, die beiden Katechismen Dr. Martin Luthers, die schmalkaldischen Artikel und für einen großen Teil der Kirche die Concordienformel.

11. Welche sind unter diesen die vornehmsten?
Der kleine Katechismus für einfältige Christen und die Augsburgische Confession als das erste entscheidende Zeugnis der Reformation, dadurch der alte christliche Glaube bezeugt wird und die eingeschlichenen Irrlehren und Mißbräuche, sonderlich der römisch-katholischen, überwunden und abgestellt sind.

12. Warum halten wir aber zugleich an den ältesten Symbolen fest?
Zu bezeugen, da wir nicht eine neue Kirche mit neuer Lehre, sondern nichts anders sind und sein wollen als die alte, apostolische, rechtgläubige Kirche Christi, ohne darum die Mitglieder der anderen Kirchengemeinschaften richten und von der Kirche Christi ausschließen zu wollen.

13. Welches ist unter diesen das wichtigste?
Das apostolische im zweiten Hauptstück, und nächst demselben das nicänische, von der großen Kirchenversammlung in der Stadt Nicäa so genannt.

14. Wozu dient dieses?
Es ist zur Erklärung und Befestigung des apostolischen Glaubens aufgestellt, wird von der Kirche in ihren Gottesdiensten bis zu diesem Tag gebraucht und nützt einem jeden zur heilsamen Erkenntnis des Glaubens.

15. Wie lautet dasselbe?
Ich glaube an einen einigen allmächtigen Gott, den Vater, Schöpfer des Himmels und der Erden, alles, das sichtbar und unsichtbar ist.

Und an einen einigen Herrn Jesum Christum, Gottes einigen Sohn, der vom Vater geboren ist vor der ganzen Welt, Gott von Gott, Licht von Licht, wahrhaftigen Gott vom wahrhaftigen Gott, geboren, nicht geschaffen, mit dem Vater in einerlei Wesen, durch welchen alles geschaffen ist, welcher um uns Menschen und um unserer Seligkeit willen vom Himmel kommen ist und leibhaftig worden durch den Heiligen Geist von der Jungfrau Maria und Mensch worden, auch für uns gekreuzigt unter Pontio Pilato, gelitten und begraben und am dritten Tage auferstanden nach der Schrift und ist aufgefahren gen Himmel und sitzet zur Rechten des Vaters und wird wiederkommen mit Herrlichkeit, zu richten die Lebendigen und die Toten. Des Reich kein Ende haben wird.

Und an den Herrn, den Heiligen Geist, der da lebendig macht, der vom Vater und dem Sohn ausgehet, der mit dem Vater und dem Sohn zugleich angebetet und zugleich geehret wird, der durch die Propheten geredet hat.

Und eine einige, heilige, christliche, apostolische Kirche.

Ich bekenne eine einige Taufe zur Vergebung der Sünden und warte auf die Auferstehung der Toten und ein Leben der zukünftigen Welt. Amen.

3.
Christliche Gebetsübung

1. Ist es auch nötig, daß wir das Beten lernen?
Freilich ist's nötig; denn wir sind von Natur nicht geschickt dazu, sondern das Beten ist eine feine, heilige Kunst der Kinder Gottes.

2. Wie lernen wir es denn?
Durch den Heiligen Geist, wenn wir uns von ihm regieren lassen; aber wir müssen uns auch zum Beten gewöhnen und uns darin üben.

3. Wie mag solche Gewöhnung und Übung geschehen?
Damit, daß wir zunächst unser tägliches Leben in eine feste Gebetsordnung fassen.

4. Wo wird uns diese Ordnung gewiesen?
In dem Morgen- und Abendsegen sowie in den Tischgebeten des Katechismus.

5. Wie wird diese Übung in christlichen Häusern gemeinsam gehalten?
Durch den häuslichen Gottesdienst, da der Hausvater täglich seine Hausgenossen zu Gebet und Gottes Wort versammelt, daß sie sich erbauen zu einer Behausung Gottes im Geist.

6. Wie faßt aber die Kirche alle Zeiten in eine heilige Ordnung des Gebets und der Übung in der Gottseligkeit?
Sie teilt und heiligt den Tag durch die Betglocke, die Woche durch den Tag des Herrn und mancherlei Wochenandachten, das Jahr durch die Feier der großen Taten Gottes zu unserer Erlösung nach der Ordnung des Kirchenjahrs.

7. Was ist denn das Kirchenjahr?
Es ist die Reihe der Sonn- und Festtage in ihrer jährlichen Wiederkehr vom ersten Advent bis zum letzten Sonntag nach dem Fest der heiligen Dreieinigkeit.

8. Wie teilt sich das Kirchenjahr ein?
Nach den hohen Festen der Geburt und Auferstehung des Herrn und der Ausgießung des Heiligen Geistes, welche mit den übrigen Festen und den Sonntagen die heiligen Zeiten des Kirchenjahres bilden.

9. Wie dürfen wir aber so von den Sabbaten und Festen des Gesetzes abweichen?
Wir leben im neuen Bunde, in welchem die Taten Gottes in Christo unsere Feste geworden sind und niemand uns ein Gewissen machen darf über Speise

und über Trank und über bestimmte Feiertage oder Neumonde oder Sabbate, welches ist der Schatten von dem, das zukünftig war, aber der Körper selbst ist in Christo. Kol 2.

10. Was folgt aus dem allen?
Daß es wohlgetan ist, wenn wir auch sonst für allerlei Werke und Gelegenheiten in unserm Leben das Gebet als eine heilige Sitte bewahren und üben, uns selbst und andere zu erbauen und das ganze Leben zu heiligen.

11. Woher nehmen wir hierzu Anleitung?
Aus dem, was der Heilige Geist im Worte gegeben und als ein Geist des Gebets in seiner Kirche gewirkt und gelehrt hat.

12. Woran müssen wir rechtes Beten lernen?
Am Vaterunser, das aller christlichen Gebete Grund und Vorbild ist und auch selbst zu allen Zeiten und unter allen Umständen mit Segen gebetet wird.

13. Wie magst du denn nach solcher christlichen Sitte und Ordnung beten?
Wie die folgenden Gebete zeigen:

Der Morgensegen

Das walte Gott Vater, Sohn und Heiliger Geist. Amen.
Ich glaube etc.
Vater unser etc.
Ich danke dir, mein himmlischer Vater, durch Jesum

Christum, deinen lieben Sohn, daß du mich diese Nacht vor allem Schaden und Gefahr behütet hast, und bitte dich, du wollest mich diesen Tag auch behüten vor Sünden und allem Übel, daß dir all mein Tun und Leben gefalle. Denn ich befehle mich, meinen Leib und Seele und alles in deine Hände; dein heiliger Engel sei mit mir, daß der böse Feind keine Macht an mir finde. Amen.

Der Abendsegen

Das walte Gott Vater, Sohn und Heiliger Geist. Amen.
Ich glaube etc.
Vater unser etc.
Ich danke dir, mein himmlischer Vater, durch Jesum Christum, deinen lieben Sohn, daß du mich diesen Tag gnädiglich behütet hast, und bitte dich, du wollest mir vergeben alle meine Sünden, wo ich unrecht getan habe, und mich diese Nacht auch gnädiglich behüten. Denn ich befehle mich, meinen Leib und Seele und alles in deine Hände; dein heiliger Engel sei mit mir, daß der böse Feind keine Macht an mir finde. Amen.

Tischgebete

Vor dem Essen.

Aller Augen warten auf dich, Herr, und du gibst ihnen ihre Speise zu seiner Zeit. Du tust deine milde Hand auf und sättigst alles, was lebet, mit Wohlgefallen. Amen.

Vater unser etc.
Herr Gott, himmlischer Vater, segne uns und diese deine Gaben, die wir von deiner milden Güte zu uns nehmen, durch Jesum Christum, unsern Herrn, Amen.

Nach dem Essen.

Danket dem Herrn; denn er ist freundlich und seine Güte währet ewiglich. Der allem Fleische Speise gibt, der dem Vieh sein Futter gibt, den jungen Raben, die ihn anrufen. Er hat nicht Lust an der Stärke des Rosses noch Gefallen an jemandes Beine. Der Herr hat Gefallen an denen, die ihn fürchten und die auf seine Güte warten.
Vater unser etc.
Wir danken dir, Herr Gott, himmlischer Vater, durch Jesum Christum, unsern Herrn, für alle deine Wohltat, der du lebest und regierest in Ewigkeit. Amen.

Wenn du an deine Arbeit gehst.

Das walte Gott Vater, Sohn und Heiliger Geist. Amen.
O Herr, hilf, o Herr, laß wohl gelingen. Amen.

Zur Betglocke.

Verleih uns Frieden gnädiglich,
Herr Gott, zu unsern Zeiten;
Es ist ja doch kein andrer nicht,
Der für uns könnte streiten,
Denn du unser Gott alleine.
Gib aller Obrigkeit

Fried und gut Regiment,
Daß wir unter ihnen
Ein geruhiges und stilles Leben führen mögen
In aller Gottseligkeit und Ehrbarkeit. Amen.

Oder:

Christe, du Lamm Gottes,
Der du trägst die Sünde der Welt,
Erbarme dich unser!
Christe etc.
Erbarme dich unser!
Christe etc.
Gib uns deinen Frieden! Amen.

Oder:
Herr, ich bin zu gering aller Barmherzigkeit und Treue, die du an mir getan hast.
Gott, sei mir Sünder gnädig.
Herr, lehre mich tun nach deinem Wohlgefallen; dein guter Geist führe mich auf ebener Bahn. Amen.

Wenn du ein Sterbeläuten hörst oder zu einem Toten kommst.

Herr, lehre uns bedenken, daß wir sterben müssen, auf daß wir klug werden. Amen.

Wenn es zur Kirche läutet.

Jauchzet dem Herrn, alle Welt. Dienet dem Herrn mit Freuden, kommt vor sein Angesicht mit Frohlocken.

Erkennet, daß der Herr Gott ist. Er hat uns gemacht, und nicht wir selbst, zu seinem Volk und zu Schafen seiner Weide.
Gehet zu seinen Toren ein mit Danken, zu seinen Vorhöfen mit Loben; danket ihm, lobet seinen Namen.
Denn der Herr ist freundlich, und seine Gnade währet ewig und seine Wahrheit für und für. Amen.

Wenn du zur Kirche kommst und deinen Platz einnimmst.

Ach, Gott, Vater aller armen elenden Seelen, gib uns allen deine Gnade und erleuchte uns mit deiner Wahrheit. Dir sei Lob, Ehre und Dank in Ewigkeit. Amen.
Heilige uns, Herr, in deiner Wahrheit; dein Wort ist die Wahrheit. Amen.

Wenn der Gottesdienst beschlossen ist und du die Kirche verlassen willst.

Der Friede Gottes, welcher höher ist denn alle Vernunft, bewahre unsere Herzen und Sinne in Christo Jesu. Amen.

Oder:

Unsern Ausgang segne Gott,
unsern Eingang gleichermaßen,
segne unser täglich Brot,
segne unser Tun und Lassen,
segne uns mit sel'gem Sterben,
und mach uns zu Himmelserben. Amen.

Gebet im Hinzugehen zum heiligen Abendmahl.

Ach, Gott! sei mir armen Sünder gnädig.
Herr Jesu! du Sohn des hochgelobten Gottes, erbarme dich meiner.
Herr Jesu! du Lamm Gottes, das da trägt die Sünde der Welt, erbarme dich meiner.
Herr Jesu! laß mich dein Abendmahl würdig und zum Segen empfangen. Amen.

Wenn man nach empfangenem Leib und Blut Christi wieder an seinen Platz getreten ist.

Dein heiliger Leib, o Jesu Christe, speise mich. Dein teures Blut tränke mich. Dein bitteres Leiden und Sterben stärke mich. Herr Jesu Christe, erhöre mich, auf daß ich dich mit allen Auserwählten ewiglich lobe und preise. Amen.

Eine christliche Fürbitte.

Herr, tue wohl an Zion, gib Gnade und Ehre in unserm Lande und laß allen, die mir anverwandt und meinem Gebet befohlen sind, deine Hilfe widerfahren, hier zeitlich und dort ewiglich. Amen.

4.

Wie man die Einfältigen beichten lehren soll

Was ist die Beichte?
Die Beichte begreift zwei Stücke in sich: eins, daß man die Sünden bekenne, das andere, daß man die Absolution oder Vergebung von dem Beichtiger empfange als von Gott selbst und ja nicht daran zweifle, sondern fest glaube, die Sünden seien dadurch vergeben vor Gott im Himmel.

Welche Sünden soll man denn beichten?
Vor Gott soll man sich aller Sünden schuldig geben, auch die wir nicht erkennen, wie wir im Vaterunser tun; aber vor dem Beichtiger sollen wir allein die Sünden bekennen, die wir wissen und fühlen im Herzen.

Welche sind die?
Da siehe deinen Stand an nach den zehn Geboten, ob du Vater, Mutter, Sohn, Tochter, Herr, Frau, Knecht, Magd, bist, ob du jemand Leid getan hast mit Worten oder Werken, ob du gestohlen, versäumt, verwahrlost, Schaden getan hast.

1. Was heißt überhaupt beichten?
Beichten heißt seine Sünden bekennen.

2. Wem sollen wir unsere Sünden bekennen?
Gott dem Herrn allezeit und unserm Nächsten nach Gelegenheit, daß wir getröstet und gebessert werden.

3. Was ist aber die Beichte in der Kirche?

Die Beichte in der Kirche begreift zwei Stücke in sich: eins, daß man die Sünden bekenne, das andere, daß man die Absolution oder Vergebung von dem Beichtiger empfange als von Gott selbst.

4. Welches ist demnach das erste Stück in der Beichte?

Das mündliche Bekenntnis unserer Sünden.

5. Ist es denn möglich, alle Sünden zu erzählen?

Nein, das ist weder möglich noch nötig, und wo man es fordern würde, eine Heuchelei oder Qual des Gewissens.

6. Welche Sünden soll man denn beichten?

Vor Gott soll man sich aller Sünden schuldig geben, auch die wir nicht erkennen, wie wir im Vaterunser tun; aber vor dem Beichtvater bekennen wir allein die Sünden, die wir wissen und fühlen im Herzen.

7. Warum geschieht denn solch namentliches Bekennen?

Nicht aus Not eines Gesetzes, sondern in christlicher Freiheit des Gewissens, damit wir uns umso aufrichtiger demütigen, der Vergebung desto gewisser getrösten und zur Besserung des Lebens desto heilsamer angeleitet werden.

8. Welche Versicherung haben wir dabei?

Daß die Beichtväter durch Amt und Eid zur gänzlichen Verschwiegenheit verpflichtet sind; denn sie empfangen das Bekenntnis an Gottes Statt.

9. Wie nennt man diese Art zu beichten?
Die Privatbeichte, da jeder einzeln und allein zu dem Beichtvater tritt, seine Sünden zu bekennen und die Vergebung derselben zu empfangen.

10. Welche andere Weise zu beichten besteht daneben in unsern Kirchen?
Die gemeinschaftliche Beichte, auch wohl öffentliche Beichte genannt, da mehrere Personen einem gemeinsamen Sündenbekenntnis, das vom Geistlichen gesprochen wird, mit Herz und Mund zustimmen und die allen insgemein zugesprochene Vergebung ein jeder sich selbst im Glauben zueignet.

11. Welches ist das andere Stück der Beichte?
Das andere und allerdings größte Stück ist die Absolution oder Vergebung der Sünden.

12. Warum nennst du sie das größte Stück?
Weil sie die Stimme meines Gottes und Heilandes ist, dadurch meine Seele vom Tod errettet wird.

13. Wer richtet aber solche Gnade Gottes aus?
Die verordneten Prediger und Diener Gottes, welche für unsere Seele wachen.

14. Woher haben sie solche Macht?
Von ihrem Herrn Christo, der ihnen die Schlüssel des Himmelreiches anvertraut hat.

15. Wie nennt man diese Macht?
Das Amt der Schlüssel.

Was ist das Amt der Schlüssel?
Das Amt der Schlüssel ist die besondere Kirchengewalt, die Christus seiner Kirche auf Erden gegeben hat, den bußfertigen Sündern die Sünden zu vergeben, den Unbußfertigen aber die Sünden zu behalten, solange sie nicht Buße tun.

Wo steht das geschrieben?
So schreibt der heilige Evangelist Johannes im 20. Kapitel:
Der Herr Jesus blies seine Jünger an und sprach zu ihnen: Nehmet hin den Heiligen Geist. Welchen ihr die Sünden erlasset, denen sind sie erlassen, und welchen ihr sie behaltet, denen sind sie behalten.

Was glaubst du bei diesen Worten?
Ich glaube, was die berufenen Diener Christi aus seinem göttlichen Befehl mit uns handeln, besonders, wenn sie die öffentlichen und unbußfertigen Sünder von der christlichen Gemeinde ausschließen und die, so ihre Sünden bereuen und sich bessern wollen, wiederum entbinden (d. h. lossprechen), daß es alles so kräftig und gewiß sei, auch im Himmel, als handelte unser lieber Herr Christus mit uns selber.

16. Wieviel Schlüssel des Himmelreiches gibt es?
Zwei: den Bindeschlüssel und den Löseschlüssel.

17. Was versteht man unter dem Bindeschlüssel?
Die Macht der berufenen Diener Christi, unbußfertigen Sündern die Schuld und Strafe ihrer Sünden zu behalten, sie auch endlich nach den Ordnungen der

Kirche gar zu bannen, das heißt, von der Gemeinschaft der Sakramente und aller kirchlichen Handlungen auszuschließen, damit sie, durch solch empfindliche Zucht zur Buße geleitet, bei Gott wiederum zu Gnaden kommen mögen.

18. Was versteht man unter dem Löseschlüssel?
Die Macht der berufenen Diener Christi, die bußfertigen Sünder von aller Schuld und Strafe im Namen der hochheiligen Dreieinigkeit loszusprechen.

19. Wohin gehört dies Stück von Beichte?
Es gehört in das vierte Hauptstück, zur heiligen Taufe, deren Kraft und Bedeutung in der Beichte zu einer gesegneten und häufigen Übung kommt.

20. Wohin weist dies Stück von der Beichte zugleich?
Es weist mich zugleich in das fünfte Hauptstück auf das heilige Abendmahl, da ich nach der Ordnung der Kirche jedesmal, wenn ich zum heiligen Abendmahl gehen will, vorher zur Beichte kommen soll.

21. Mit welchen Worten beichtest du?
Entweder mit eigenen Worten, wie ich meine Sünden weiß und fühle im Herzen, oder mit den Worten einer allgemeinen öffentlichen Beichte, wie ich sie selber vor dem Beichtvater besonders spreche.

22. Kannst du mir die eine oder andere Weise der allgemeinen öffentlichen Beichte ansagen?
Ja, so beichte ich und spreche:

1. O allmächtiger Gott, barmherziger Vater! Ich armer elender, sündiger Mensch bekenne dir alle meine Sünden und Missetaten, damit ich dich jemals erzürnt und deine Strafe zeitlich und ewig wohl verdient habe. Sie sind mir aber alle herzlich leid und reuen mich sehr, und ich bitte dich durch deine grundlose Barmherzigkeit und durch das heilige, unschuldige, bittere Leiden und Sterben deines lieben Sohnes, unsers Herrn Jesu Christi, du wollest mir armen sündhaften Menschen gnädig und barmherzig sein, mir alle meine Sünden vergeben und zu meiner Besserung deines Geistes Kraft verleihen. Amen.

Oder:

2. Ich armer Sünder bekenne Gott, meinem himmlischen Vater, daß ich leider schwer und mannigfaltig gesündigt habe, nicht allein mit äußerlichen, groben Sünden, sondern viel mehr mit innerlicher, angeborner Blindheit, Unglauben, Zweifel, Kleinmütigkeit, Ungeduld, Hoffart, bösen Lüsten, Geiz, heimlichem Neid, Haß, Mißgunst und andern Sünden, daß ich auf mancherlei Weise, mit Gedanken, Gebärden, Worten und Werken, die allerheiligsten Gebote Gottes übertreten habe, wie das mein Herr und Gott an mir erkennt und ich leider so vollkommen nicht erkennen kann. Also reuen sie mich und sind mir leid und begehre von Herzen Gnade von Gott durch seinen lieben Sohn Jesum Christum und bitte, daß er mir seinen Heiligen Geist zur Besserung meines Lebens mitteilen wolle. Amen.

5.

Christliche Fragestücke

für die, so zum Sakrament gehen wollen.

1. Wohin gehören die Fragestücke?
Laut der Überschrift zum fünften Hauptstück.

2. Wozu sind sie gestellt?
Zu einer Anleitung, das heilige Abendmahl recht und würdig zu empfangen.

3. Aus wieviel Teilen bestehen sie?
Aus zwei Teilen.

4. Was enthält der erste Teil?
Eine christliche Bußübung, in den ersten zehn Fragen.

5. Was enthält der zweite Teil?
Einen christlichen Unterricht vom heiligen Abendmahl, in den letzten zehn Fragen.

6. Was lernst du in der christlichen Bußübung?
Die Reue und den rechten, seligmachenden Glauben.

7. Was lernst du aus dem Unterricht vom heiligen Abendmahl?
Was das Sakrament sei, wie wir es würdig gebrauchen und was uns antreiben soll, es oft zu empfangen.

8. Was sollst du tun, wenn du krank wirst und nicht zum Tisch des Herrn gehen kannst?
Dann soll ich meinen Beichtvater rufen lassen, mit mir zu beten und mir das Sakrament im Hause zu reichen.

9. Wann ist dazu die rechte Zeit?
Nicht erst dann, wenn der Tod nahe ist, sondern zeitig, ehe die Kräfte des Leibes und des Geistes verschwinden.

10. Warum sollst du also tun?
Damit ich durch Vergebung der Sünden den Frieden Gottes zum Trost in meinem Leiden habe und durch den Leib und das Blut Christi der Auferstehung des Lebens versichert werde.

11. Ist es recht, die Kranken-Kommunion für ein leibliches Heilmittel zu halten?
Nein; aber Friede und Freude in der Seele, Hoffnung zu Gott und ewiges Leben sind auch dem kranken Leib allezeit heilsam und niemals schädlich.

12. Warum sollst du dich besonders bereiten, sooft du zum Sakrament gehst?
Ich wollte wohl immer geschickt sein; weil aber daran leider viel fehlt, soll ich mich jedesmal bereiten und habe dazu diese Fragestücke, wie sie hier folgen, wohl zu lernen und zu beherzigen.

Nach getaner Beichte und Unterricht von den zehn Geboten, Glauben, Vaterunser, von den Worten der

Taufe und dem heiligen Abendmahl mag der Beichtvater oder einer sich selbst fragen:

1. Glaubst du, daß du ein Sünder bist?
Ja, ich glaube es, ich bin ein Sünder.

2. Wie weißt du das?
Aus den zehn Geboten; die habe ich nicht gehalten.

3. Sind dir deine Sünden auch leid?
Ja, es ist mir leid, daß ich wider Gott gesündigt habe.

4. Was hast du denn mit deinen Sünden bei Gott verdient?
Seinen Zorn und Ungnade, zeitlichen Tod und ewige Verdammnis.

5. Hoffst du auch selig zu werden?
Ja, ich hoffe es.

6. Wes tröstest du dich denn?
Meines lieben Herrn Jesu Christi.

7. Wer ist Christus?
Gottes Sohn, wahrer Gott und Mensch.

8. Wieviel Götter gibt es denn?
Nur einen, aber drei Personen, Vater, Sohn und Heiligen Geist.

9. Was hat denn Christus für dich getan, daß du dich seiner tröstest?

Er ist für mich gestorben und hat sein Blut am Kreuz für mich vergossen zur Vergebung der Sünden.

10. Ist der Vater auch für dich gestorben?
Nein, denn der Vater ist nur Gott, der Heilige Geist auch; aber der Sohn ist wahrer Gott und wahrer Mensch, ist für mich gestorben und hat sein Blut für mich vergossen.

11. Wie weißt du das?
Aus dem heiligen Evangelium und aus den Worten vom Sakrament und durch seinen Leib und sein Blut, die mir im Sakrament zum Pfand gegeben sind.

12. Wie lauten die Worte?
Unser Herr Jesus Christus in der Nacht, da er verraten ward, nahm er das Brot, dankte und brach's und gab's seinen Jüngern und sprach: Nehmet hin und esset; das ist mein Leib, der für euch gegeben wird. Solches tut zu meinem Gedächtnis. Desselbigengleichen nahm er auch den Kelch nach dem Abendmahl, dankte und gab ihnen den und sprach: Trinket alle daraus; dieser Kelch ist das neue Testament in meinem Blut, das für euch vergossen wird zur Vergebung der Sünden. Solches tut, so oft ihr's trinket, zu meinem Gedächtnis.

13. So glaubst du, daß im Sakrament der wahre Leib und das wahre Blut Christi sei?
Ja, ich glaube es.

14. Was bewegt dich denn, das zu glauben?
Das Wort Christi: Nehmet, esset, das ist mein Leib; trinket alle daraus, das ist mein Blut.

15. Was sollen wir tun, wenn wir seinen Leib essen und sein Blut trinken und das Pfand also nehmen?
Seinen Tod und sein Blutvergießen verkündigen und gedenken, wie er uns gelehrt hat: Solches tut, sooft ihr's trinket, zu meinem Gedächtnis.

16. Warum sollen wir seines Todes gedenken und denselben verkündigen?
Daß wir glauben lernen, daß keine Kreatur für unsere Sünden hat genugtun können als allein Christus, wahrer Gott und Mensch, und daß wir erschrecken lernen vor unseren Sünden und dieselben groß achten lernen und uns seiner allein freuen und trösten und also durch denselben Glauben selig werden.

17. Was hat ihn denn bewogen, für deine Sünden zu sterben und dafür genugzutun?
Die große Liebe zu seinem Vater, zu mir und andern Sündern, wie geschrieben steht, Joh 15, Röm 6, Gal 2, Eph 5.

18. Warum willst du denn zum Sakrament gehen?
Auf daß ich glauben lerne; daß Christus um meiner Sünde willen aus großer Liebe gestorben sei, wie gesagt, und darnach auch von ihm lerne, Gott und meinen Nächsten lieben.

19. Was soll einen Christen ermahnen und reizen, das Sakrament des Altars oft zu empfangen?
Von Gottes wegen soll ihn beides, des Herrn Christi Gebot und Verheißung, darnach auch seine eigene Not, die ihm auf dem Halse liegt, treiben, um welcher willen solch Gebieten, Locken und Verheißung geschieht.

20. Was soll aber ein Mensch tun, wenn er solche Not nicht fühlen kann, oder keinen Hunger noch Durst zum Sakrament empfindet?
Dem kann nicht besser geraten werden, als daß er erstlich in seinen Busen greife, ob er auch Fleisch und Blut habe, und glaube doch der Schrift, was sie davon sagt. Gal 5, Röm 6.
Zum andern, daß er um sich sehe, ob er auch noch in der Welt sei, und denke, daß es an Sünden und Not nicht fehlen werde, wie die Schrift sagt, Joh 15 und 16, 1. Joh 2 und 5.
Zum dritten, so wird er auch den Teufel um sich haben, der ihm mit Lügen und Morden Tag und Nacht keinen Frieden innerlich und äußerlich lassen wird, wie ihn die Schrift abmalt. Joh 8 und 16, 1. Petr 5, Eph 6 und 2. Tim 2.

1. Joh 2 V. 28.
Und nun, Kindlein, bleibet bei ihm, auf daß, wenn er offenbaret wird, wir Freudigkeit haben und nicht zuschanden werden vor ihm in seiner Zukunft.

Vom Gesetz und den heiligen zehn Geboten
Mel.: Erschienen ist der herrlich Tag.

Dies sind die heiligen zehn Gebot, die uns gab unser Herre Gott durch Mosen seinen Diener treu, hoch auf dem Berge Sinai. Kyrie eleison.

Ich bin allein dein Gott und Herr, kein Götter sollst du haben mehr, du sollst mir ganz vertrauen dich, von Herzensgrunde lieben mich. Kyrie eleison.

Du sollst nicht führen zu Unehr'n den Namen Gottes, deines Herrn, du sollst nicht preisen recht noch gut, ohn was Gott selber red't und tut. Kyrie eleison.

Du sollst heilgen den sieb'nten Tag, daß du und dein Haus ruhen mag, du sollst von dein'm Tun lassen ab, daß Gott sein Werk in dir hab. Kyrie eleison.

Du sollst ehr'n und gehorsam sein dem Vater und der Mutter dein, und wo dein Hand ihn'n dienen kann, so wirst du langes Leben han. Kyrie eleison.

Du sollst nicht töten zorniglich, nicht hassen, noch selbst rächen dich, Geduld haben und sanften Mut und auch dem Feinde tun das Gut. Kyrie eleison.

Dein Eh' sollst du bewahren rein, daß auch dein Herz kein andre mein, und halten keusch das Leben dein mit Zucht und Mäßigkeit fein. Kyrie eleison.

Du sollst nicht stehlen Geld und Gut, nicht wuchern jemands Schweiß und Blut, du sollst auftun deine milde Hand den Armen in deinem Land. Kyrie eleison.

Du sollst kein falscher Zeuge sein, nicht lügen auf den Nächsten dein, sein Unschuld sollst auch retten du und seine Schande decken zu. Kyrie eleison.

Du sollst deins Nächsten Weib und Haus begehren nicht, noch etwas draus; du sollst ihm wünschen alles Gut, wie dir dein Herze selber tut. Kyrie eleison.

Die G'bot all uns gegeben sind, daß du dein Sünd, oh Menschenkind, erkennen sollst und lehren wohl, wie man vor Gott leben soll. Kyrie eleison.

Das helf uns der Herr Jesus Christ, der unser Mittler worden ist, sonst ist's mit unserm Tun verlor'n, verdienen doch eitel Zorn. Kyrie eleison.

Martin Luther